引き寄せ体質をつくる
子宮メソッド

願いはすべて、
子宮が叶える

子宮委員長はる

河出書房新社

あなたの叶えたい願いはなんですか？
お金持ちになって、悠《ゆう》々《ゆう》自《じ》適《てき》に過ごしたい？
広い一軒家がほしい？
素敵なパートナーと巡り会いたい？
ビジネスで成功したい？
有名人になりたい？

もし今、頭に描いている願いが叶っていないとしたら、
願いの大きさに関係なく、
ただ願い方を知らないだけ。

女性はね、誰でも１００％願いを叶えられる体を持って、

この世に生まれてきているんだよ。
それは、大自然である宇宙とつながる
「子宮」という臓器を持っているから。

子宮はね、どんな願いも叶えてくれる万能の臓器。
子宮の思いを汲《く》み取って、子宮を大切にしていれば、
叶わない願いなんてありません。
あなたが手に入れたい望みは、なんだって叶うのです！

ぜひ、子宮に意識を向けてみてください。
それは、あなた自身を生きる魂の旅の始まり。
あなたが、「本当のあなた」を生きるとき、
あらゆる願いが叶い出すのです。

はじめに

おなかのなかから突然聴こえてきた「謎の声」

女性の生き方は子宮の状態に左右されることを痛感し、子宮に意識を向けることの大切さを広めようと「子宮委員長はる」として活動を始めてから、5年がたちました。

今、私はブログ「子宮委員長はるの子宮委員会」や、セッション、お話会などを通して、子宮の声を聴くことの大切さを伝えています。

でも、以前の私は、まさか自分の体が自分に対して何かを訴えかけているなどと思ったことはなく、子宮の声を無視して、自分自身をいじめていました。

ここで少し、私の生い立ちを話しますね。

私は三人姉妹の長女として、青森県の田舎町で、林業と農業を営む裕福な家に生まれました。両親、祖父母に育てられ、一見幸せそうに見える家庭だったけれど、何かというとすぐ感情的になって叩《たた》く母。そんな母が嫌いで、母への反発から「性」の世界に興味を持ち始めました。

母は、家のことも子どものこともすべて完璧にこなす、隙《すき》のない女性。そんな母に口出しされない世界に行くには、母がまったく知らない世界を経験すること、それが、恋愛であり、性の世界だった。なぜって、母はお見合い結婚で、恋愛経験がなかったから。

私は性への好奇心を持ったまま、高校卒業後、生活費も学費も全部自分で払うという条件のもと、以前から好きだった絵を学ぼうと、東京にあるデザインの専門学校へ進学するため、上京することにしました。

バイトは決めていました。風俗です。上京してすぐ、新宿にある歌舞伎町のイメージクラブへ入店。お店にくるお客さんと仲良くなって、その彼の実家で、彼の前妻との間の連れ子と彼のお母さんとの4人で暮らし始めました。

ところが、彼は買い物以外は私を一歩も外に出さない軟禁《なんきん》生活を強要。おまけに家庭内で暴力をふるう人。そのとき私は彼の子どもを身ごもっていたけれど、中絶を強要され、妊娠13週目のとき泣く泣く堕胎《だたい》したのです。

そんな彼との生活にピリオドを打つも、私は彼の連れ子を引き取って、いつか一緒に住みたいって思っていました。小学校に上がりたてだったその子を、暴力をふるう父親のもとに置いておくのはかわいそう、私が愛情を持って育てる！って決めていたんです。

でもね、今ならわかります。実際に彼に暴力をふるわれていたのは私だけで、本当にかわいそうなのは私だったたってこと。それを子どもに投影していただけなんですよね。

彼と暮らした寒々しい家のなかで、唯一の癒しだったかわいい子ども。その子を引き取るためにも経済的に自立しようと、専門学校を卒業後、昼間は美容の会社でネイリストとして、夜は風俗嬢として働く生活を続けました。

私の内側から湧き上がった希望の光

その美容の会社はすさんだ職場で、男性が女性を蹴《け》り飛ばしたり、暴言を吐いたりといった状況が当たり前の毎日。そんななかでも、とにかく認められたい一心で、男性と張り合うように働いてました。

２０１１年３月11日、東日本大震災で、これまでに経験したことのないような大きな揺れを経験。元彼の子どもが無事でいるか心配で、彼に連絡をとったところ、それ以前に彼とその子は一緒に交通事故に遭《あ》っていて、その子は亡くなり、彼は半身不随《はんしんふずい》になっていたことを知らされました。

その子を引き取るためにがんばってきた私は生きがいをなくし、鬱《うつ》と摂食障害、さらには子宮筋腫も発症。

体も心もボロボロになりながらも働き続け、体調も精神状態も乱れ、出勤がしんどくなったときに、言動がおかしくなっていた私はオーナーに呼ばれて、とうとうクビを宣告されてしまったんです。

そのときに言われたのが、「お前なんか、風俗嬢のくせに！」って言葉。この言葉には、心臓が飛び出すほどショックを受けました。だって、風俗嬢であることをひた隠しにしてきたのに、なぜかバレていたのだから。

必死に会社に尽くしてきたのに現実はうまくいかず、精神的にボロボロになった私は、一時的に実家に帰ることに。

もう自分のなかのエンジンをかける気力もなく、実家でゴロゴロしながら癒されていたある日、突然どこからともなく、声が聴こえてきたのです。

「大丈夫、私が守るから」

何も考えていないときに、突然聴こえてきた声。一瞬「誰かいるの？」って思うくらいハッキリ聴こえました。そのとき直感で、「子宮の声だ……」って感じたんです。

そう、おなかから声が聴こえてきたのです。おなかに、もう一人の自分がいるんじゃないか、いや、このおなかの声こそ本当の自分なんじゃないか……。ここに神様がいるのではないか……。

それからというもの、私は体、とくに子宮で感じることを大切にしたいと考えるようになり、「子宮委員長はる」として自分と向き合っていこうと決めました。

その後、再び東京に戻り、風俗の世界に復帰することに。今まで副業でやっていた風俗を、本業で始めることにしたんです。

本来誰もが持っている「性」への欲求と徹底的に向き合うことで、「本当の自分」を生きることができるかもしれない。そう考え、隠すことなしに堂々と〝現役風俗嬢〟という肩書きで、ブログやフェイスブックで自分の性について赤裸々に綴《つづ》り、講演会などでもあけすけに語る、そんな生き方を始めたんです。

今では、子宮からの「孕《はら》ませられたい」という衝動に従って授かった一人息子と、息子とは血のつながりのないパートナー、岡田と一緒に、とっても幸せに暮らしています。

反道徳的なことにこそ、「本当の自分」が隠れている

この本に書いてあることは、全部自分の体が教えてくれたことばかり。風俗で性と向き合ううちに、いつしか人生で大切なことを子宮が全部教えてくれました。子宮はときに、常識では受け入れられないようなことも平気で言います。最初は驚きの連続だったけれど、それを信じて自分を実験台にしてきたら、願ったことが全部叶ってしまい、本当にうれしい現実となったのです！

それをまとめたのが、「子宮メソッド」。子宮メソッドは、結論から言うと反道徳的なことばかりです。常識的に生きてきた人には抵抗感があるかもしれません。私も最初はそうだった。それでも子宮を信じたのは、幸せになりたかったから。本当の自分に気づいたとき、もう自分を離さないって、自分と約束したからです。そのためには、子宮の奴隷になるしかなかったんです。

そして、子宮の声（本当の自分の思い）に従って生きていったら、お金も人間関係も、仕事も全部うまくいくようになったんです！

そんな子宮からの声を、この本ではお届けします。ただし、この本に書いてあることは女性にしか効き目がありません。子宮という「お宮」を持っている女性は、宇宙とつながる存在。男性とはまったく別の生き物なのです。

だから、この本は「女性のための聖書」です。幸せになりたいなら、この聖書通りに生きてみてください。

子宮の声を聴くというと、霊感があったり、修行した人じゃないと聴こえないのでは？と思うかもしれませんが、そんなことはありません。本来誰でも子宮の声を聴くことはできますよ。本書では、そのヒントを紹介していきます。

最後に、この本には、性に関する言葉がたくさん出てくるので、とまどうかもしれません。でも、恥ずかしいところ、見て見ぬふりをするところに、真実って隠されているんですよね。

読み進めるうちに、女性の生殖器が神聖なイメージに変わるはず。さあ、子宮と両想いになるための、大いなる旅に出かけましょう！

contents

第2章 あなたの願いが叶わない本当の理由

第3章　脈が育つと、どんな願いも叶い出す！

第4章　子宮に愛される私になるための「メンテナンス17」

第5章　どこまでも「私」を生きる！

子宮メソッドにおける「子宮と思考の関係」

この本を読み進めるにあたって、ぜひ知っておいてほしいことは、「子宮」と「思考」の関係です。

子宮メソッドでは、子宮と思考は常に対になっていて、このふたつが両想いになったときに、どんな願いも叶い出すという現象が起こります。

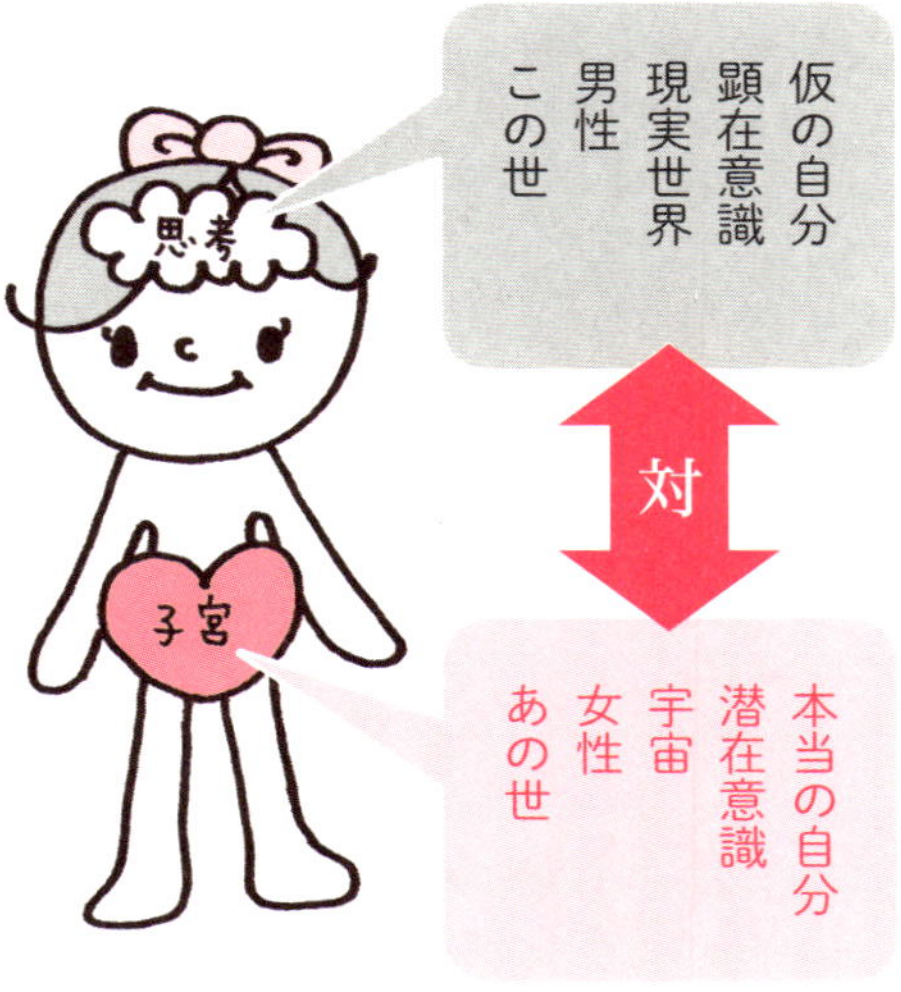

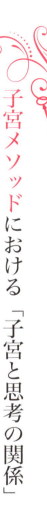

第 1 章

子宮は
最強のパワースポット！

すべての女性に与えられている、究極のパワースポット

「願いはすべて、子宮が叶えてくれる！」

そう考えるようになったのは、「子宮委員長はる」として、子宮と向き合う大切さを伝え始めたころのこと。当時、「話を聞いてみたい」とインスピレーションから参加した、古神道修道士の矢加部幸彦先生の講座で、先生がこんなひとことを言いました。「女性は、おなかにお宮を持っています」。

たしかに、神社も子宮も「お宮」と言うし、同じ漢字を使っている。さらに、女性器の構造を考えると、会陰《えいん》が鳥居《とりい》で、膣《ちつ》が参道、子宮がお宮（本殿）という形にぴったり当てはまる！

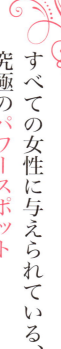

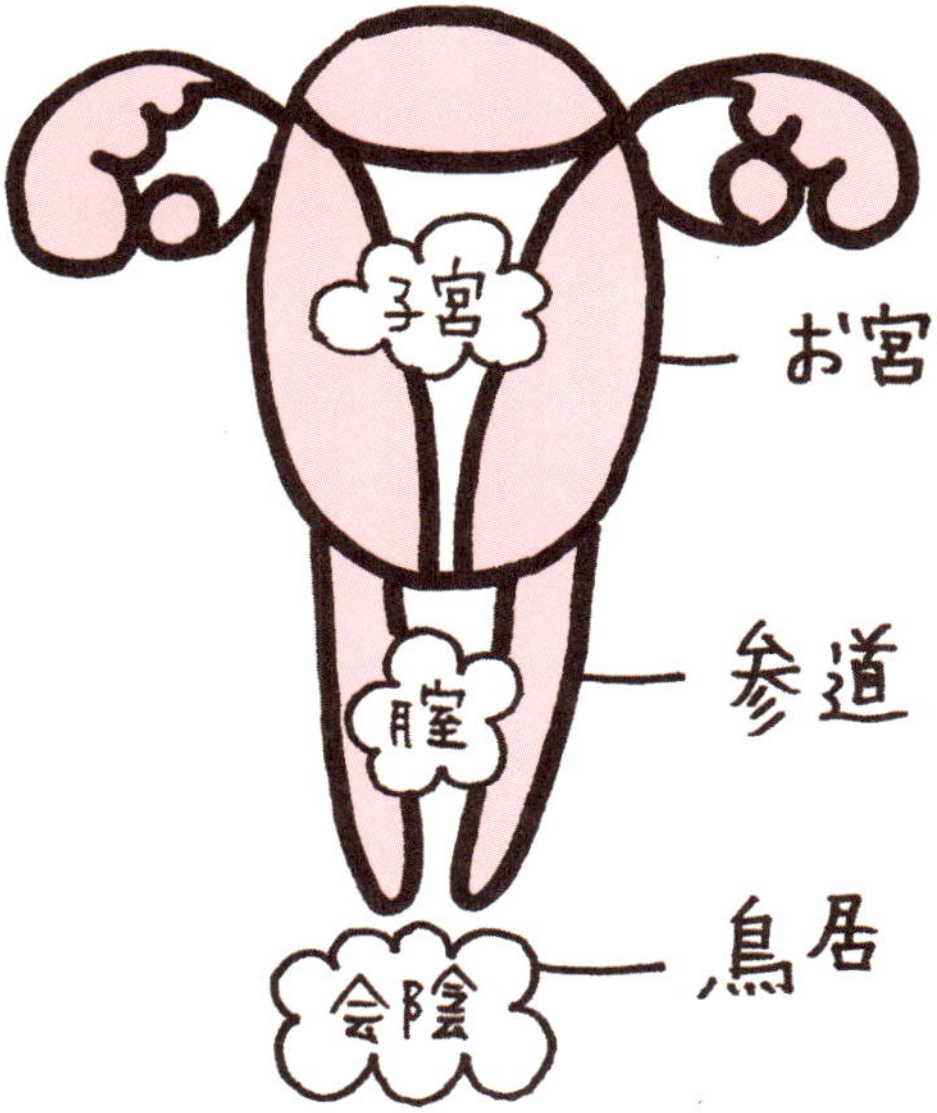

それを聞いたとき、会社をクビになって青森の実家でゴロゴロしていたときにおなかから突然聴こえてきた声を思い出し、女性にとって自分の体のなかにある子宮こそパワースポットなのではないか、とひらめいたのです。

それが事実なら、昔の人は子宮を真似て神社をつくったに違いない。つまり、子宮には神様が宿っていて、それを忘れないために神社をつくったのではないか。そうだとしたら、自分のお宮（＝子宮）を大事にすると、何が起こるんだろう？

みんな、パワースポット巡りといって、各地の神社にお参りに行くけれど、実は一番身近にあるパワースポットに気づいていないのでは？

もし、自分の子宮をパワースポットと考え、大切にすることでいいことが起こったら、世紀の大発見だ！ってね。

子宮は命がつくられる場所であり、女性にしかない臓器です。人工授精をしても、最終的には子宮に戻さなければ命は授かりません。

「ここがパワースポットでないはずがない！」。そう確信した私は、それ以来、子宮や膣と向き合い、生殖器が感じることを信じ、頭ではなく子宮の発する声を聴き取ることを徹底して、その声に従う人生を生きようと決めたのです。

それからというもの、私は自分の立てた仮説を証明するため、子宮や膣の声を聴いて自分自身と向き合い、今何を感じていて、どうしたいのか、それだけに集中してきました。


「子宮メソッド」で幸せを手にする！

この本では、子宮のメカニズムである「子宮メソッド」を紹介します。子宮メソッドは、私が心も体も疾患《しっかん》まみれだったときに性と向き合い、追求していったなかでみつけた、「女性の潜在能力」をまとめたもの。

私は「引き寄せの法則」とか「成功哲学」などと言われるものを、一切勉強していません。ただ、たまたま向き合うことになった性の世界に、本質が全部あっただけのこと。それらを詰め込んだのが「子宮メソッド」です。

子宮メソッドを信じ、ひたすら子宮を大事にしていった結果、私が手にしたもの。それは、子どもにも、パートナーにも、お金にも恵まれるという、数年前には予想だにしなかった幸せなんです！

子宮は最強のパワースポットです。世界中にパワースポットと呼ばれる場所はたくさんあるけれど、まずは自分のなかにある〝子宮という神社〟を大事にしてみてください。

そうすれば、あの「○○神宮」や「○○大社」よりも強力なパワースポットになること間違いなしです。

脈を育てると願いが叶う

「思っただけで願いが叶った」「思い描いた通りの幸せな人生になった」という女性もいれば、「男運も金運もない」「自分ばっかり不幸な目に遭う」と人生を悲観している女性もいます。この違いって、なんだかわかる？

それは、生殖器の周りの脈（血管・血流）が育っているかどうかです。

もともと生殖器の周りには血管が張り巡らされています。そこで、膣を動かして活性化させていくと、生殖器周りの血流もよくなり、子宮も活性化されていきます。この生殖器周りの脈は、神社でいう、参道の両脇にある木々たち。社《やしろ》に木々が青々と茂っている神社は、パワーがありますよね。

木々と同様、脈は自然の生命力そのもの。つまり、脈が育つと血流が良くなるの

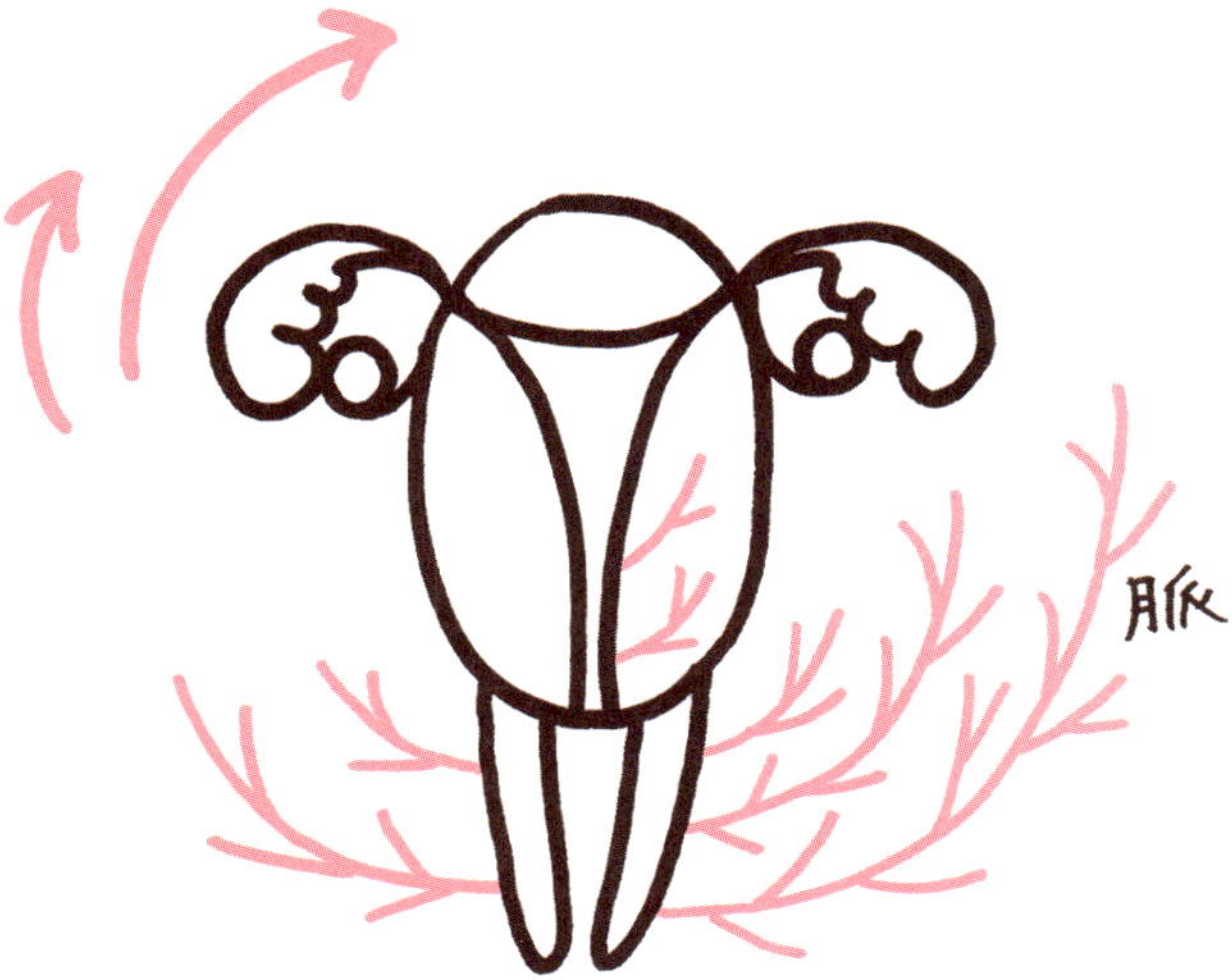

で、子宮はいつも温かくてポカポカしています。

この脈の発達は、現実世界にも対応していて、人脈、金脈、情報脈という3つの脈も育ちます。これについては、第3章で詳しく説明しますが、子宮を活性化させたことで、「彼氏いない歴25年の私に、初めて彼氏ができた！」「転職活動に成功して、月収が50万円アップした！」「今知りたいことを教えてくれる人に、タイムリーに巡り会えた」など、本当にありえないことが起こり出すのです。

ここで覚えておいてほしいのは、膣を活性化させて子宮の周りの脈を発達させると、お金も人も情報も不思議なくらい舞い込んでくるよ、ということ。

ちなみに、膣を動かさずにいるとどうなるかというと、脈は枯れます。神社でいうと、参道の木々が枯れていてお手入れされていないような状態に。そこにパワーがあるとは思えませんよね。

こうなると、子宮はやさぐれます。血行不良の子宮は冷たく硬くなるので、パワーはダウン。もちろんお金も入ってこなくなるし、周りの人間関係は不満だらけ、必要な情報は何も入ってきません。


なぜ、子宮が温まって喜ぶと現実もうれしい出来事ばかりになり、子宮が冷たくなってやさぐれると現実もつらい出来事ばかりになるのかというと、「子宮の状態は、あなたが今直面している環境そのもの」だから。

このことに気づき子宮のメンテナンスをおこなえば、現実は必ず素晴らしいものに変わっていきますよ。

それくらい女性の可能性というのは、無限大！　やさぐれた子宮をメンテナンスしてあげることで、どんな願いも叶える〝最強の子宮〟に育てていってくださいね。

膣発電で運を開く

あなたは神社に行って、何をお願いしますか？

商売繁盛、交通安全、安産祈願、病気平癒《へいゆ》、無病息災《そくさい》、家内安全、心願成就《しんがんじょうじゅ》。厄祓いをしてもらったり、ときには除霊なんてこともお願いするかもしれません。

実はこれ、神社でしかできないことではないんです。女性の体には「お宮」があるので、神社でできることは全部、女性自身ができることです！

いったいどうすればそんなすごい力を発揮できるのかというと、膣を活性化させて発電力を高めるの。

実は、膣というものは、感情とともに発電しています。怒っているときも、うれしいときも、ピリピリピリピリと電気を出していて、膣がピリピリしていると、持ち主さんもピリピリ感じます。

私は感情が湧くと、まず体の感覚を研ぎ澄ませますが、膣のピリピリが子宮へ、そして胸のチャクラへと上昇し、そこからふわっと広がって、二の腕あたりからじわ〜っと外の世界に放電していくのを感じるの。

怒っているときと、うれしいときでは、ピリピリの質が異なるけれど、いずれにせよ、日々の感情の源は女性器が根源なんだって確信しています。だからこそ、感情豊かに生きると膣も潤《うるお》って活性化するんですね。

オーガズムで、人生思い通り！

子宮周りの脈を育てて、子宮を神社と同じようなパワースポットにしたいなら、感情を感じて膣発電させることですが、さらに効果的に膣発電させたいなら、オーガズムを得るのが一番！

オナニーをしたりセックスをしたりして、オーガズムを感じたとき、膣のあたりから上に突き抜けるようなエネルギーを感じませんか？

そのエネルギーこそ、膣発電です。1回のオーガズムで、30〜35ボルトを発電するという説もあり、これこそが願いを叶えるパワーの正体！

原因不明のヒステリーに悩まされる女性たちを救うため、膣マッサージ器を開発するというストーリーの映画『ヒステリア』は、私の大好きな映画ですが、そのキャッチコピーに「100万ボルトのエクスタシー」とありました。

私は、自分が膣発電をしているのを感覚的に知っていたけれど、このキャッチコピーを見たときに、「本当に膣って発電するんだ！」って感動しました（笑）。

膣にはもともと偉大な力がそなわっているのです。だからこそ、パートナーがいない人は、オナニーでオーガズムを感じてください。パートナーがいる人は、セックスで自分自身とパートナーを感電させましょう。

お金や人脈といった豊かさを与えてくれるのは、お宮である子宮の力ですが、その子宮本来の力を引き出すためには、まず参道である膣を活性化させることが何よりも大事。

膣を活性化させると膣が潤いますが、それは、神社の入り口にある新鮮な天然水が湧き出ている手水舎《ちょうずや》と同じです。常に天然の湧水が出ている神社は、やっぱりパワーも違いますよね♪

子宮へのお賽銭《さいせん》、ご奉納品を受け取る

こうして膣を活性化していくと、パートナーがお金を稼ぐようになったり、臨時収入が入ってきたり、楽しい人たちばかりに囲まれるようになったりといった、素敵な現象が起こってきます。

さらには、免疫力も高くなるので、病気にかかりづらくなり、いつもパワフルでいられるようになるんですよ。

私の周りの女性たちも、膣を活性化させたら、家でゴロゴロしていた夫が急に仕事を張り切り出したり、苦手な同僚が異動になって会社が楽しくなったり、ずっと患っていた持病が改善し始めたりなど、うれしい報告をしてくれます。

女性がもともと持っている力って、感情豊かに生きて、いつも膣発電させておけば、勝手に湧いてくるものだって思っています。

そして、現実世界で起こるいい出来事（お金が入ってくる、素晴らしいご縁に恵まれる、彼氏ができるなど）は、全部女性の持っている子宮（お宮）へのお賽銭、ご奉納品です。だから、ちゃんと受け取ってくださいね。


「そんなにお金をいただいたら、困ります」

「こんな私じゃ、まだまだなので」

と遠慮して、受け取らずにいると、生殖器が活性化されて育ったせっかくの循環が止まってしまい、また元に戻ってしまいます。

そうならないように、現実世界でうれしいことがあったら、きちんと受け取る習慣を身につけてくださいね。

子宮に意識をおくと、神様とつながりやすくなる

宇宙って、「今見ている世界すべて」です。パートナーもお金も、毎日の出来事も、それらすべては私たちが日々思っていることが、そのまま現実となって現れているだけ。つまり、自分の思いがそのまま現実になる。それが宇宙です。

私はね、子宮は宇宙だと思っています。それは、子宮にしたことがそのまま現実となって返ってくるから。つまり、女性はみな自分のなかに宇宙を持っているということ。

そしてね、宇宙は目に見えない世界も内包《ないほう》している。たとえば、あの世、潜在意識など。もちろん、神様やご先祖様の知恵も含まれるので、子宮に意識をおくと、神様やご先祖様にもつながることができるのです。

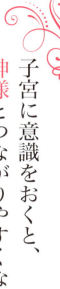

私は、迷ったりすることがあると、子宮に意識を集中させて、子宮からの答えを待ちます。するとね、ご先祖様が「大丈夫。その方向で間違ってないよ」とか「○○ってやり方もあるよ」など、ヒントを落としてくれることがあります。

子宮に意識をおくと、神様やご先祖様につながることができる。これって、何かに似ていませんか？

そう、神社参拝です。私たちは、神様からご利益をもらおうと神社に行きますよね。でも、もともとは自分のなかに神様がいることを忘れてほしくないから、子宮をかたどった神社ができたのです。それなのに、私たちはいつしか、神様は自分の内側ではなく、自分以外の別の場所にいると思うようになってしまった。そのため、外の神様に願い事をして一生懸命崇《あが》めている。それが現実ではないでしょうか。

神社は崇めるためでなく、自分のなかにもともといる神様、宇宙を思い出すために行く場所。そう考えて、子宮を大切にしてみてください。

そうすることで、パワースポットと言われる場所に行ったときも、自分のなかの神様、宇宙とつながりやすくなって、さらに願いが叶うようになれますよ。

神社もお墓もルーツは一緒？

子宮と神社についてネットサーフィンをしていたら、お墓や塚の形とはもともと子宮を模《も》したもので、死んだら帰っていく場所だったり、死者を再生復活させる場所だったりという意味がある、といった内容が書かれていました。

たしかに、古墳やピラミッドなどの建造物は、墓道を通るとその奥に死者の眠る部屋がありますよね。これも神社と同じで、墓道が膣、遺体を安置する場所が子宮だったのです。

実は、子宮と墓の英語の綴りも似ていて、子宮は「womb」、墓は「tomb」。これも偶然ではなく、言語学的に関連があるそうです。

エジプトではピラミッドからミイラが発見されていますよね。死者をミイラにして生前と同じ状態で保持するのは、死者が再生・復活すると信じられていたから。つまり、「遺体を安置する場所＝命が再生する場所（子宮）」だとしたら、昔の人たちは、女性器の構造を確実に知っていて、お墓や古墳にも子宮をかたどっていたのではないでしょうか。

そんな想像をしていたら、なんだかゾワゾワしちゃった！　それくらい子宮とは、偉大な臓器ということ。だって、子宮から生まれていない人なんてこの世に誰一人としていない。どんな独裁者も有名人も、み〜んなお母さんの子宮から生まれてきているんだから、偉大な臓器じゃないわけないんです。

そんな子宮を持っているってだけで、女性はすごい！　女性として存在しているだけで、素晴らしい価値があるんですよ。

病気で子宮を摘出《てきしゅつ》してしまったという方もいらっしゃるかもしれませんが、その場合は、子宮があった場所に意識をおくだけで大丈夫。細胞の記憶もエネルギーもそのまま残っています。現実にあってもなくても、エネルギーは同じです。

女性は、自分で自分を幸せにできる！

子宮と膣は、まるで異質のエネルギーを持っています。子宮は、母性やマリア様のようなほわ〜んと広がるエネルギー。子宮が幸福感に包まれていると、その子宮の持ち主さんの周りもほわ〜んとして、幸せな気分に包まれる感じ。ところが、気分が落ち込み子宮がネガティブでいっぱいになっていると、そのどんよりした空気がじわ〜っとあたりに広がるので、周囲の人たちも重いエネルギーを感じ、場が暗くなっていきます（それだけ、空間や環境の中心をつくる臓器ということです）。

一方、膣は、男性的で直線的なエネルギー。織田信長のようにいらないものをバッサリ切り捨てていく、気性の荒さを持ち合わせています。

目標に向かっているときは、常に上向きの矢印でまっしぐらに進むけれど、目標がなくてうまくいかないことがあると、剣のようなエネルギーで誰かを刺しにいったり、自分を刺したりするんです。すぐ自分を責めるタイプの人は、膣のエネルギーで自分を刺しているってこと（それだけ、命の軸をつくる臓器ということです）。

膣の病気になりやすい人、子宮の病気になりやすい人

このエネルギーの違いはね、ソープ嬢時代に気づきました。ソープ嬢という職業は、免疫を高めておかないと、性病や子宮系の病気にかかってしまうリスクのある仕事。だから私は、いつも病気をうつされないかハラハラドキドキしていて、ほかのソープ嬢が性病にかかったという情報には、敏感になっていたんです。

そんなとき、ある傾向に気づきました。膣炎や膣感染症など膣を傷める人は、自分や相手に対して攻撃的な人が多く、子宮頸がんや子宮筋腫など子宮を傷める人は、「これを言ったら相手を傷つけてしまうかも」「これをやったら喜んでくれるかも」など、相手をわかりすぎるがゆえのとりこし苦労や我慢を積み重ねる人が多いということ。

自分や相手を攻撃する男性的な人は、膣の剣のようなエネルギーで炎症をつくっ

て膣を鋭く傷め、苦労や我慢を積み重ねる人は、どよ〜んと広がる根暗なエネルギーで子宮の元気を奪い、子宮を傷めてしまうのです。

膣と子宮、女性はこのふたつのエネルギーを生殖器に持っている。ということは、どちらかだけが良くてもダメということ。両方を使うことで、直進しつつも人を巻き込みながら幸せになっていく、というのが理想的な幸せです。

実は、男女の循環がうまくまわる法則っていうのがあります。それは、「女は男のために自分（子宮）に尽くし、男は自分のために女に尽くす」。

これは、セックスだけの話でなく、生き方の話でもあるんですよ。それは、女性が幸せになると男性も幸せになるから。男性は、隣にいる女性が幸せならそれだけで、仕事も家庭もがんばろうと思える生き物なんですよ。

子宮と膣というふたつのエネルギーを持つ女性は、どちらのエネルギーも上手にまわすことで、自分で自分を幸せにすることができるんです。だから、女性は男性に尽くすのではなく自分自身に尽くす。そして、男性は女性の幸せを手伝ってあげる。この循環が、最高のハッピーを生むんです。ただし、男性にがんばってもらいたいからと幸せなフリをするのはＮＧね。女性は自分にとっての快・不快をひとつひとつ選択し、幸せを積み上げていくことが大事です。

膣の力で不要な縁をバッサリ

膣と子宮のエネルギーをきちんと循環させられるようになると、膣の直線的なエネルギーは、的確な「決断力」「判断力」を与えてくれるようになります。

たとえば、「夫の不倫は許せないけど、別れたら相手の思うつぼだから別れない」「やりたくない仕事だけど、断ったら収入がなくなるかもしれない」など、あれこれ言いわけをしてなかなか縁を切れないことって誰にでもあるはず。昔の私は優柔不断だったけれど、膣が活性化してくると、織田信長のような一刀両断のエネルギーが湧いてきて、スパッと不要な縁を切ることができるようになりました。

また、自然に縁が切れたり、自分の意思とは関係なしに、勝手にいらない縁を切ってくれるような出来事も起こります。それって、とっても楽ですよね。

腐れ縁や不要な縁を切って、自分に必要な縁だけを呼び込むためにも、膣と子宮のエネルギーをしっかり循環させてくださいね。

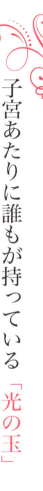

子宮あたりに誰もが持っている「光の玉」

チャクラを整えると、体も心も健康になるって言いますよね。それは、チャクラは体のエネルギーを巡らすための、エネルギーの出入り口だからです。

人間には会陰から頭頂に向けて7つのチャクラがあって、それぞれに対応する臓器や意味があります。そのなかの第一チャクラにあたるのが膣、第二チャクラにあたるのが子宮。

まずは大地に近い第一チャクラ、第二チャクラをしっかり整えてグラウンディングしないと、困難の多い現実を送ることになってしまいます。それは〝私〟を生きている確信がなく、いつも他人の顔色をうかがってしまうからです。

「はじめに」でも話したように、以前の私は、地に足をつけるグラウンディングが

できていなかったせいで、波乱万丈の人生を送ってきました。事実婚のパートナーから毎日のように家庭内暴力をふるわれたり、中絶を強要されたり、子宮頸がん・子宮筋腫になり、摂食障害、精神疾患を患って会社をクビになるなど、困難のオンパレード。

「これでもか！」ってほどの痛い経験をして、本気で「死んだほうがまし」と思ったほどです。

膣や子宮をちゃんとケアして地に足のついた生活ができていないと、その大切さに気づくまで、さまざまな出来事が襲いかかってく

るんですよね。

でもね、私はこれ以上のどん底はないというほどボロボロになって、初めて「子宮を大切にしたい」って思えました。そして、第一チャクラ、第二チャクラを整えるために、膣を活性化させたり、自分と向き合ったりとあれこれ始めたら、どんどん人生が好転し始めたんです。

そんな自分の体験をたくさんの女性に知ってほしくて、膣や子宮をケアする重要性を伝えているのですが、実は最近、さらに確信を持ってそう言えるようになったのです。

ちょっと怪しい話ですが、セッションをしていると、相手の子宮のあたりに、ぷるんとした真珠のような大きな光り輝く玉が見えるようになりました。魂と呼ばれるものなのかもしれないけれど、それはまぎれもなく、子宮のあたりに位置していて、ものすごく光り輝いている人もいれば、曇っている人も……。

正確には、どの人の魂も本当は光り輝いているのだけれど、その光が見えないくらい曇っている人もいるということです。

私の感覚では、光の曇り具合が50％くらいであれば、その人は放っておいても自分の力で再び輝く機会を手に入れられる人。それ以上曇っていると、立ち直るまでに人の助けを借りたりして、だいぶ時間がかかる人です。

だからといって、不安にならないでね。光り具合は、自分の心持ちによって毎日変わるから大丈夫。

実は、自分の光の玉も見えるのですが、私自身はこんなに感情を解放することに命をかけているにもかかわらず、曇っている日もたくさんあります（笑）。

光の玉が見えるようになってわかったことは、「やっぱり、魂は子宮（第二チャクラ）にあるんだ」ってこと。

だから、子宮を大切にすることは、魂、つまり自分自身を大切にするということでもあり、子宮（自分自身）の声を聴くと、本当の自分の望みを叶えてあげることにつながるんです！

子宮メソッドQ＆A

Uterine Method ①

Q つきあって3カ月になる彼がいますが、彼が女友だちとしゃべっていたり、チラッとほかの女性を見たりするだけで焼きもちをやいて喧嘩になってしまいます。彼もそんな私と距離をおき気味。この嫉妬深さ、なんとかなりませんか？（25歳・秘書）

A 距離を感じているのは、彼ではなく、本当の自分自身

嫉妬が芽生えるということは、彼のことがそれだけ大好きだということ。その気持ちは、子宮が持ち主に対する気持ちと、まったくイコールです。嫉妬や焼きもちは、相手に対する思いでもあるけれど、同時に自分のなかでも起きていること。「大好きな人がこっちを見てくれない!!」という現象は、自分（子宮）の欲求を汲み取れなかった、または自分の本音を大事にできていない結果です。つまり、嫉妬深くなっているのは、あなたではなく「子宮の声」ということ。その欲求や声を大事にしていくだけで、彼はあなたを見てくれるようになります。

彼に合わせてばかりで、自分の本音を押し殺していないか、事細かに自分を振り返ってみましょう。本当の意味で距離ができているのは、本音とそれを言えない自分自身のはず。「自分自身と両想い」になるのはそう簡単なことではありませんが、それさえできていれば、彼だけではなく、周囲もあなたに注目してくれる現実世界になります。

第 2 章

あなたの願いが叶わない本当の理由

幸せを遠ざけるその正体とは？

前章では、女性の体のなかにある子宮こそ、お金も仕事も健康もご縁もなんでも引き寄せる最強のパワースポットだと言いました。

では、それほどまでに強力なパワースポットを持っているのに、なぜ願いを叶えることができないのだと思いますか？

それは、子宮の周りが「カルマ粒」まみれになっているから。

カルマ粒とは？　ひとことで言うと、「抑圧感情」のこと。実際に粒があるわけではないのですが、目に見えないエネルギーの塊《かたまり》みたいなものだと思ってください。

女性の感情の源は女性器にある、と説明したように、本来女性という生き物は、生殖器から感情を誘発しています。

生殖器から湧き上がってきた感情はどんな感情であれ、ちゃんと外に出してあげることが必要なのに、実際は固定観念、常識、世間体、価値観、信念といった「思い込み」によって我慢してしまうことがほとんど。たとえば、「女の子はおしとやかにしなければいけない」「勉強はきちんとしなければいけない」「ワガママを言ってはいけない」。すると、その抑圧された感情がカルマ粒となって体にギュッと染み込み、感情が生まれる源である生殖器界隈《かいわい》の筋肉層にたまってしまうのです。

つまり、我慢ばかりでストレスが多いと、子宮周りはカルマ粒でいっぱいに！　すると、カルマ粒のせいで脈（血管・血流）が枯れて子宮が冷えてきます。生殖器界隈の血行不良は体全体に広がって、全身を冷やします。

体も心も冷えるので、自分は何をしたいのか？　何を食べたいのか？　何を言いたいのか？　自分のことがさっぱりわからないという状況になってきます。

たとえばカルマ粒がいっぱいのまま子育てをしていると、「子どものために」「だんなさんのために」が義務のようになってしまい、「私って何がしたいんだろう？」と、自分を見失っていくのです。

カルマ粒は遺伝する

「カルマ粒」という言葉は、私がネーミングしました。スピリチュアル的にいうと、カルマとは因果《いんが》のこと。原因があって結果があることを「因果応報」といい、原因を解消しないと気づくまで同じ結果が続くと言われていますが、カルマ粒はまさにそれ！　気づくまでなくならない抑圧感情です。

心理学的に言うと、傷ついたインナーチャイルドとか、母の呪縛《じゅばく》、潜在意識、トラウマなど。人生を支配していると言われるこれらのものこそ、カルマ粒です。

カルマ粒は、自分だけでなく、子どもが病気になる、子どもが事故を起こすといったように、わが子にも悪影響を及ぼします。

もし、生まれたお子さんが病気やアレルギーなどを持っていたら、お母さんは自分を責めますよね。私の生活習慣がいけなかったんだ、妊娠中にタバコを吸っていたからいけなかったんだ……など。

たいていの人は、「子どもが病気になったのは私のせいだ」と思いますが、実は

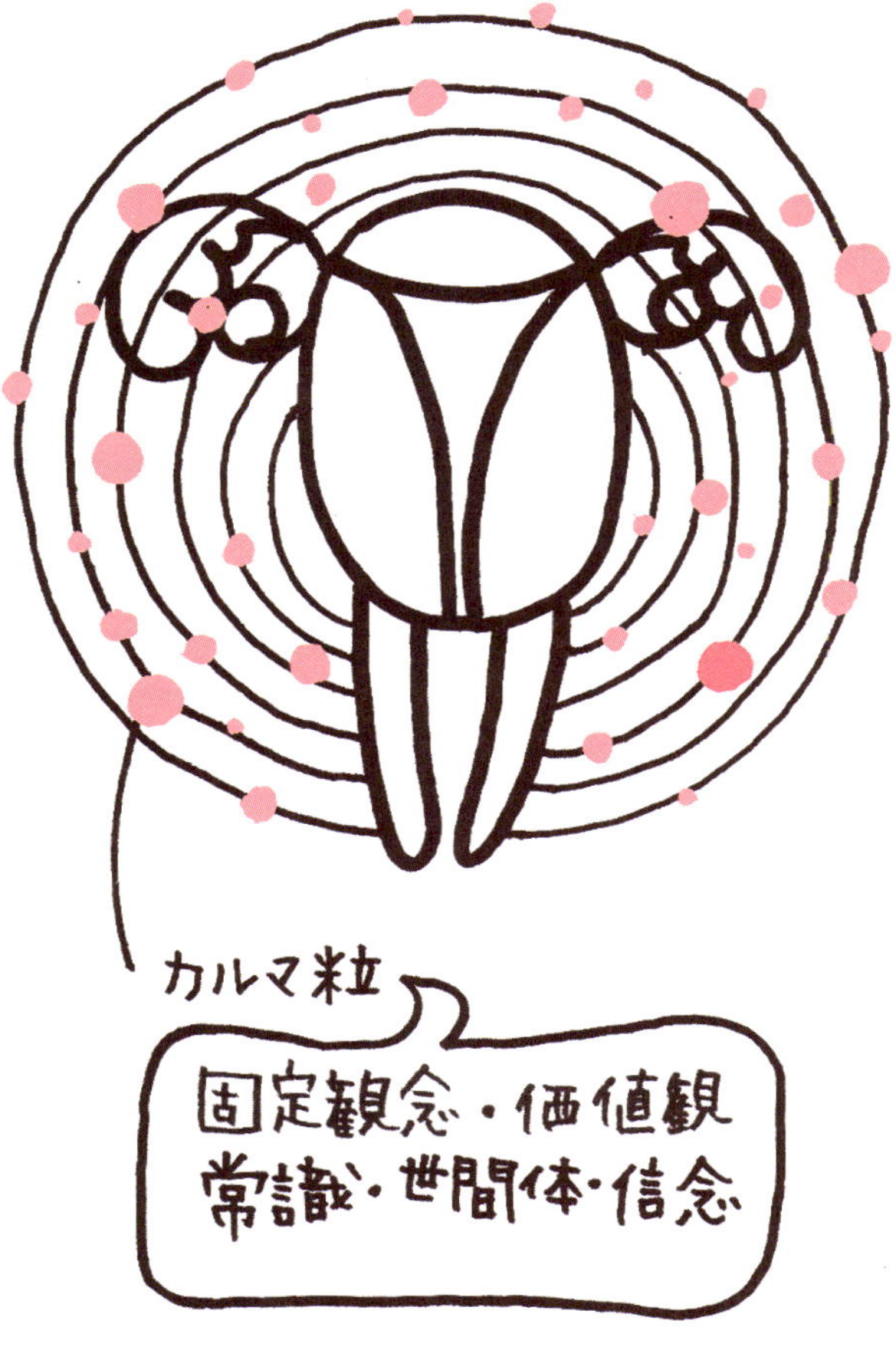
カルマ粒
固定観念・価値観
常識・世間体・信念

子どもが病気になるのは、お母さん自身のなかに抑圧された感情を思い出してもらうためです。つまりお母さんに自由になってもらうため！

たとえば、お母さんが子どものころ病気がちで、母親から「お前のせいで私はどこにも出かけられない」と言われてきた場合、その悲しみを思い出させてお母さんのカルマ粒を浄化するために、子どもはたびたび病気になります。その場合、お母さんが子どもの病気を通して、自分自身に湧いてくる感情を感じ切ると、子どもの病気も治まってきます。もしくは、子どもの病気に対する見方が変わります。

いったいなんの根拠があってこんなことを言っているのかというと、息子の皮膚炎と私の昔の感情がつながっていることを知ったから。

息子はいつも泣いたあと、涙で顔の皮膚が荒れてすぐ赤くなっていたのですが、その赤くただれた顔を見ながら、自分のなかの感情を観察してみました。「妊娠中、ジャンクフードばかり食べてたからかな？　母親失格って言われるかな？」「あれ？　私自分を責めてる！」「私、いい母親になれないことに罪悪感を持ってたんだ。母に認めてもらおうと小さいころからいい子にしてきたから、世間から外れたことをするのが怖いんだ！」って、自分を慰《なぐさ》めるように感じ抜いてあげたんです。

そしたらね、不思議なことに息子の顔の赤みが引いたんです。魔法みたいに！

感情にフタをしたのは自分自身

子どものころは、親に反抗するのも怖いし、感情を抑圧してしまうのはしかたないことかもしれません。でも、怖くたって、感情を出すこともできたはず。もともと出しておくべきときに出さずにフタをして押し込めてしまったのは、ほかでもない自分自身なんですよね。

それに気づけたら、感情が湧いてきたときに感じ切って、カルマ粒を溶かしましょう。とくに妊娠を考えている方は、妊娠するまでになるべくカルマ粒を溶かす努力を。だって、生まれてきた子どもはお母さんのカルマ粒を浄化するために、あの手この手でお母さんを困らせようとするのが目に見えてますから。

だけどね、本当のことをいうと、出産・子育て自体が母親を自由にするためのプロセスそのもの。子だくさんの母親ほど、少女のような自由を感じている方が多いように思えます。

カルマ粒は口からしか浄化されない

では、カルマ粒を減らすにはどうしたらいいのか、というと、膣を活性化させて冷えた子宮を温めることがファーストステップです。子宮が温まってくると、子宮周りの血管が発達して血流がよくなるので、子宮周りの筋肉層も活性化されて、カルマ粒が動かされるようになります。では、そのカルマ粒をどうやって浄化するのかというと、口から出す以外、方法はありません。あとで詳しく説明しますが、それまでためこんできた感情は、言葉に出して吐き出すしかないんです。

ところが、それは簡単なことではない。だって、そもそも思ったことを相手に伝えるのが苦手な性格だから、カルマ粒がたまったんでしたよね。思ったことを言うのは怖いし、嫌われるかもしれない。それでもカルマ粒を浄化するには、思ったことを言うしかないのです。なぜって、人間の生命エネルギーは、常に下から上に流

思ったことを言えない人

思ったことを言える人

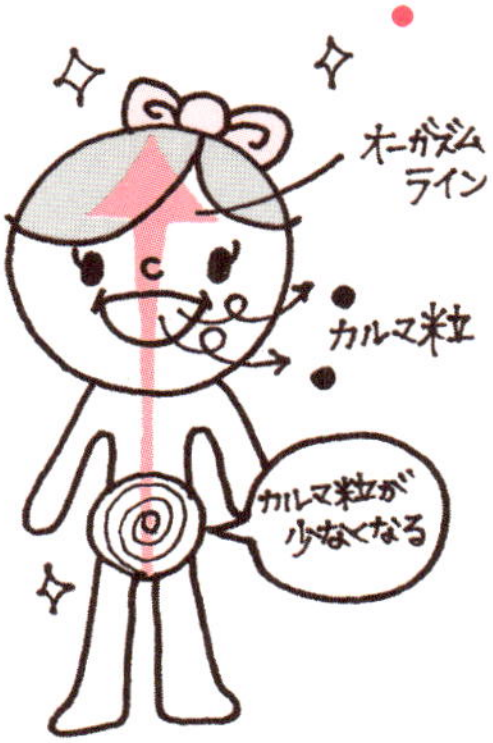

れているから。カルマ粒もその流れにそって上半身に移動して出ていくんです。

私はこの生命エネルギーの流れを「オーガズムライン」と呼んでいます。カルマ粒がいっぱいでオーガズムラインに詰まりが起きると、さまざまな心身の不調が引き起こされたり、ネガティブな出来事に遭遇したりします。

でも、それは「本当の自分」や「ありのままの自分」から外れていますよ、本当の自分の道を歩んでいませんよ、というお知らせ。オーガズムラインが、本来の自由なあなたに戻ってほしくて、必死に呼びかけているんです。

相手に対する不満、批判、文句は膣の声

抑圧感情であるカルマ粒を浄化するのに必要なのが、膣と子宮の声を聴くことです。声といっても、耳からは聞こえませんよ。どうやって聴くのかっていうと、実は、すでに口から出ているし、心で思っていることだったりします。それが自分の膣や子宮の声だと認識する、ということです。

私は、生殖器から聴こえてくる声をまとめて、「子宮の声（＝本当の自分の声）」と言っていますが、正確にいうと、膣の声と子宮の声は違います。

膣の声というのは、基本、不満や批判など相手に対する文句や嘆きが多い。「なんで、私の言うことを聞かないの？」「なんで無視するの？」「何、そのエラそうな態度？」「ホント、ムカつくわ〜」。こんな言葉が出てきたら、それは膣の声です。

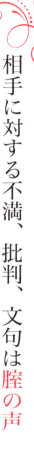

現実では、相手に対して言っている言葉だけど、膣が膣の持ち主（つまり、あなた自身）に対して言っている言葉ととらえるのがポイント。

相手に対して文句が出たら、膣があなたに対して言っている文句なんです。覚えておいてください。

この事実を知ったとき、たいていの人は愕然《がくぜん》とします。だって、相手に対する文句だと思っていたら、膣からの自分に対するダメ出しだったんですから。

「そういえば、私、自分の体の声を全然聴かずに無視ばかりして、我慢をためこんでいる。やりたくないことをして、体を酷使ばかりしている……」。こんなふうに、自分が自分に優しくしていなかったという事実を受け止めるには、そりゃあ、覚悟がいります。でもね、そうでもしなければ人って、本当の自分の思いに気づけないんですよ。

私たちは、自分が自分に対してひどいことをしているのに、それを忘れて相手のイヤな部分にばかりフォーカスしてるんです。そんなときに、自分と向き合う大切さを教えてくれているのが、〝相手に対する文句〟という形で表現される、膣の声なんです。

世間的には文句を言うのはよくない、って言われているけれど、子宮メソッドでは「文句が出たらためない」です。ためたらカルマ粒になるだけだから。

ただし、繰り返しになりますが、ただ相手に文句を言うのではなく、「これは自分の膣の声だ」と思いながら言うこと。ここ、本当に大事！　だって、せっかく膣発電したんだから、放電しなきゃね！

「なんで、私の言うことを聞いてくれないの？」と、相手に怒りをぶつけたとしても、この言葉は膣が自分に対して言っている声、つまり、私が私に向かって言っている声、って思うんです。

「たしかに、私が私の声を聴いてないいんだよね〜」。そう思いながら、相手に向かって文句を言ってみてください。実際やってみると、それって、すごい屈辱《くつじょく》です（笑）。さらには、発言に伴い浮上してくる罪悪感のような感情もあります。

でも、そんなとき子宮は「やっとわかってくれたか〜」って安心してるんです。

これこそが、カルマ粒を浄化させるための一番の秘訣！

ここに気づかず、いつまでも「私の言うことを聞いてくれないあいつが悪い！」と、相手のせいにして文句を言っているとしたら、自分自身に向き合っていない証拠。カルマ粒はいっこうに減らないまま、そこに残り続けます。

膣の声を効果的に出すには？

ところで、あなたは次のうちどっちのタイプ？

ひとつめは、自分で自分の本音がわかっているのに、相手に嫌われたり、怒られたりするのが怖いから、本音を伝えられないタイプ。

ふたつめは、相手の悪いところはよく見えていて攻撃はするのに、自分自身の本音はわかっていないタイプ。

実は、どちらかによって、膣の声を表現するときの対応が変わります。

前者は、本音を伝えることが苦手で何でも受け入れてしまう人なので、相手に言う言葉をフォローしないことが大事。

たとえば、パートナーが不機嫌そうな顔をしていて暗い雰囲気になっているとき、

「私はこんな場所にいたくない」とまっすぐ言えばいいのに、相手を傷つけたのではないかとすぐ自分を責めて、「何か私が怒らせることした？　ごめんね」と言ってしまったりする癖があります。

本音を言葉にするのは勇気のいることだし、感情も噴き出して当然。でも、だからといって、それを感じずに謝ってしまうのは、自分の感情からの逃げです。なので、このタイプの方は相手の機嫌取りに走らず、どんな暴言であってもいいから、とにかく本音を伝えること。感情をためずに言える自分になることが先決です。

さて、後者のタイプ。このタイプはいつも「相手が悪い！」と責める被害者意識の傾向があるので、感情が湧き上がってきたら、そのまますぐに言葉に出さず、「本当に今のは膣の声なのか？」とまず自問自答して、答えを待つことが大事。

私たちに湧き起こる声には、頭の声（思考）と、生殖器の声（本当の自分の声）のふたつがありますが、普段から文句ばかり言っている人は、いったいどれが膣の声なのか見分けがつかないのです。

そこで、誰かに文句を言いたくなったら「これは、膣の声だろうか？」と感じてみて。膣からの本当の声と理解できたら、文句を言っても大丈夫。

文句を言うなら本音をわかったうえで言う。これって、本当の自分に気づくために、とっても大事です。

相手のムカつく言葉も膣の声

相手からひどい言葉を言われて、傷つくこともありますよね。たとえば、「いい顔ばっかりしてんじゃねえよ」「少しは、こっちの気持ちも考えろよ！」など。

そう言われると、ムカついて感情的になってしまうけど、実は「外にいい顔ばっかりしないで、私を見てよ！」「いつも無視され続けてる私の気持ちも考えてよ！」っていう膣の声なんです。

自分で生殖器の声を聴き取れないときは、こんなふうに誰かの言葉を通して、生殖器が思いを伝えてくることもあるんですよ。

膣の声をちゃんと聴き取ってあげましょう。膣の思いを汲み取ることは、自分自身の本音に気づくこと。あなた自身の幸福度が大きく変わります。

万物を肯定する子宮の声

では、子宮の声はどんな声かというと、ものすごく年をとった肝っ玉母さんのような声です。あまり口数は多くないけれど、どんとかまえた腹のすわった声で、「大丈夫だよ。自分を信じなさい」と安心させてくれる、万物肯定の声です。

「はじめに」にも書いた、私が精神的にボロボロになっていたときにおなかのあたりからこみあげてきた「大丈夫、私が守るから」というのも子宮の声です。おなかのほうからぐっと突き上げるように子宮の声が聴こえてくると、根拠のない安心感、安定感に包まれるんです。

ところが、万物肯定の子宮の声に、持ち主さんがまったく耳を傾けようとせず、思考に囚われて生きていると、子宮はなんとかして向き合ってもらおうと、膣に

「ちょっと〜、持ち主さんが全然私の声を聴いてくれないから、なんとかしてくれない？」と指令を出し、膣をグレさせます。子宮は、自らは手をくださずお高くとまる、どこまでも「姫気質」なんですね。

そんな姫気質の子宮の声を引き出すには、罵詈雑言《ばりぞうごん》的な「膣の声」を、受け止めたり吐き出したりすること。膣の声を聴けるようになって、初めて子宮の声が発動されるんです。

だから、「最近、文句ばかり言ってるな〜」と思うときは、まずグレ膣（グレた膣のこと）を活性化させてケアしてあげてください。膣をケアすることで、すべてを包み込み、あなたの自由を応援する子宮の声が聴こえてきますよ。

浮気は子宮からの「振り向いてサイン」

膣や子宮がこっちを振り向いてもらおうと必死になっていても、持ち主さんが全然それに気づけない場合によく起こる出来事は、「浮気」です。

持ち主さんが膣や子宮に振り向いてくれないと、子宮は活性化できませんよね。

それは子宮にとって死活問題になるので、なんとかして生殖器を活性化させようと、現実的にオチンチンを入れてくれる男性を送り込もうとするんです。これはパートナーとセックスレスの場合です。子宮からしたら、膣を動かして活性化できればいいので、正直言って誰でもいいのです。

また、逆にパートナーに浮気をされるようなことも起こります。持ち主さんが自分の子宮を無視しているので、パートナーがあなたを無視するという現実として返ってくる。つまり、子宮にしていることが現実となってあなたのもとに返ってきているだけなんです。

浮気をされると、落ち込みますよね。そして、「どうしてあの人は、私を捨てたんだろう」「なんであの人は、私を愛してくれないんだろう」って考える。それはまさに、子宮の声（＝本当の自分の声）なんです。「なんで私を捨てたの？」「なんで私を愛してくれないの？」って、子宮があなたに対して言ってるってことです。

いつも持ち主さんのことが大好きで、かまってほしくてしかたない子宮は、無視され続けると、「浮気」という現象を起こして、子宮の気持ちを持ち主さんに気づかせようとしてくるんです。子宮って、ほんとけなげですね。

新しい女性
浮気相手
なんで私を見捨てたの!?
なぜ愛してくれないの?
パートナー
気づきなさい!!
浮気される
浮気したくなる

子宮が現実を創る！

よく「思考は現実化する」と言いますが、子宮メソッドでは、「子宮は現実を生み出す」を提唱しています。

カルマ粒が少なくて、子宮の思いをそのまま頭（思考）が汲み取れる、いわゆる子宮と頭が両想いのときは、その思考をつくっているのは感情を生み出す場所である子宮（＝生殖器）なので、あなたの願いは叶います。

ところが、生殖器の周りがカルマ粒だらけだと、いくら生殖器が幸せを願っても現実はうまくいきません。たとえば、子宮は「楽しく仕事がしたい！」と思っていても、その思いが思考に届くまでにカルマ粒が邪魔するので、その抑圧感情を思い出させるような出来事が次々に起こるんです。

たとえば、「努力しないで認められてはいけない」というカルマ粒にあたると、女性を小バカにするような上司のもとで働くようになったり、「人を簡単に信じてはいけない」というカルマ粒にあたると、おいしい話に騙《だま》されたりして痛い目に遭うという現実が具現化するのです。

つまりね、自分の周りには苦手な人しかいない、仕事がうまくいかない、パートナーと喧嘩ばかり……っていうような自分が見ている現実は、あなたが子宮の思いに気づいてない、ってこと。子宮と持ち主さんであるあなたの関係が、そのまま外側の世界に反映されているだけなんです。

だから、もし、あなたが子宮の思いに気づいていて子宮と両想いなら、現実はいいものにしかならないはず。どれだけ「私は自分のことを理解している」と言っても、現実がよくなっていなければ、それは嘘《うそ》なんです。

イヤな現実は、カルマ粒の投影

現実がうまくいかないのは、これまでためてきたカルマ粒がただ投影されているだけの話。

でもね、そんなカルマ粒を嫌わないで。だって、カルマ粒が解消すべきことを現実として見せてくれるから、私たちは何をすれば幸せになれるのかがわかる。つまり、ひと粒残らず、魂が自由を知るための道しるべなんです。

「今、あなたはこういう感情（カルマ粒）を持っているんですよ」ってことを、外側の世界を通して見せてくれている、ありがたいサインなんですね。

だからね、「なんだかうまくいかないことだらけだな〜」って感じたら、自分自身と向き合い、子宮を活性化させてカルマ粒を解消する。それしかないんです。

生殖器全体のカルマ粒は少なければ少ないほど、邪魔も少なくなるので、本当の望みを知り、それが叶うまでの時間も早くなっていきます。カルマ粒を浄化することは、望んだことを現実にするために必要不可欠なんですね。

寂しさは炎上して怒りとなる

人間関係がうまくいかない人の多くは、相手に対して「なんで私のことをわかってくれないの？」という怒りや恨み、憎しみなどを抱いていますが、その底には寂しさや不安、悲しみが隠されています。

これをそのまま、子宮と持ち主さんの関係に当てはめてみると、「なんでこんなにあなた（持ち主さん）を愛してるのに、あなたは私（子宮）のことを愛してくれないの？」という子宮の悲痛な叫びそのもの。

子宮は持ち主さんであるあなたのことが大好きなんです！

いつも持ち主さんが幸せでいられるように、いろいろなインスピレーションや衝動で合図を出しているのに、全然気づいてくれなかったら子宮は悲しみます。そして、悲しみの奥にある寂しさが炎上して怒りになっているのです。

純粋でまっさらな怒りは、生命力そのもの

怒りって、世間的には「よくないもの」って思われていますよね。でも、怒りは子宮から出る感情。それを「怒っちゃいけない」と怒りにフタをすると、ストレスになるだけです。

自分が怒っているのかどうかさえわからなくなるのは、学校教育や社会生活で「感じる」ことよりも知識や規則を詰め込みすぎた結果、自分の直感を信じられなくなったからかもしれません。自分の信じ方がわからないから、怒れない、そんな悪循環に陥っているように思えます。

また、怒りに対してよくないイメージのある人は、純粋でまっさらな怒りを見たことがないんじゃないかな。子宮から湧き出たストレートな怒りというのは、本来、怒られたほうも納得せざるをえない、「ためになる質のいい怒り」なんです。

言語能力が研ぎ澄まされて、厳選された言葉がタイミングよく出てくるので、イ

ヤな感じがしません。神聖そのものです。

私は、怒りが湧いてくると、子宮のあたりから胸のチャクラに向かってバリバリと電気が走る感じがするんです。子宮を持ち、宇宙とつながる大自然を内包した女性の怒りは、雷のようなもの。つまり、生命力そのものなんですよ。

その証拠に、怒りは男性のＥＤ（インポテンツ）をも解消します。風俗嬢のとき、ＥＤで自信をなくしている男性には、「役立たず！」って言ってあげてました。するとね、男性はイラッとして怒りが湧き、１００発１００中オチンチンが立つ。むしろ感謝されます♪

そんなしくみを目にして、「人間って怒りの感情こそ生命力なんだ」って知ったんです。純粋に怒るってことは、ストレスをためることではなく、むしろ生命力を与えて自分を健康にすること。だから、怒りが湧き出たときはためずにバシッと伝える。するとね、腐敗感情になる前に伝えられるので、相手をイヤな気持ちにさせるような変な怒り方には、決してなりません。

ちなみに、虐待というのは怒りを我慢した結果の行為。何人かのお母さんから聞いた話ですが、子どもを虐待しそうになったから手を止めたら、足が出たって言っていました。怒りをため込むことができなくなると、人は暴力という形でエネルギーを発散させるんですね。だから、そうなる前に、怒りが湧いてきたら「今、自分は怒っている」ってことに気づいて出す、その練習をしてくださいね。

怒りをストレートに出すと、子宮は喜ぶ

怒りが湧いたとき、その対処法として一般的に言われるのは、相手に怒りをぶつけず、「本当は寂しい」という本音を伝える、というもの。すると、いい対人関係が築けるって言われます。

でもね、実際、怒りでいっぱいになっているときに、「私って、今、寂しいんだ」と冷静に自分の気持ちを見つめられる人って、少ないんじゃないでしょうか。

それに、「寂しい」って気持ちが隠れていたとしても、それを相手に言うのって、なんだか負けを認めたみたいでイヤだよね。

そんなときはあえて本音を言わず、怒りを出しちゃうんです。怒りをストレートに出せば、後味の悪い怒り方にはならないから大丈夫。たとえば、

「お前なんか顔も見たくない、出ていけ！」

「細かいことをぐちぐち言ってんじゃね〜よ！」など。

ただし、怒ったあとに、「そうか、怒るくらい、私、寂しかったんだ」「怒るくらい認めてほしかったんだ、もっと愛してほしかったんだ」って自分で自分のことをわかってあげるのがポイント。

怒りの感情は自分が引き起こしてたんだ、ってことがわかると、怒りも後を引かないし、怒ったあともご機嫌でいられるし、カルマ粒も解消されるんです。

子宮の思いを持ち主さんがちゃんとわかって受け取っていれば、悪いことなんか絶対に起きません。

怒りをストレートに出せば、むしろその思いをわかってくれた子宮は喜ぶ、それくらい単純なことなんです。

人には傷つく権利がある

私はいつも「人を傷つけてもいいから、自分の思いを伝えてください！」と言っています。自分の思いを伝えて切れる縁であればその程度のものですし、案外、相手は傷ついていなかったりするんです。むしろ、本音は人を傷つけない。同じ思いを相手に思い出させるんです。

実は「相手が傷つくかもしれないから言わない」というのは、相手に対する冒瀆《ぼうとく》。人には傷つく権利があるんですよ。もし、あなたの言葉で相手が傷ついたのであれば、それは「傷つけた」のではなく、もともと傷ついて癒されていなかった相手の部分に刺激を与えたということ。

そして、「相手を傷つけた」と思うなら、あなた自身の癒されていない部分に刺激が与えられたことになるので、自分自身と向き合う必要があることを教えてくれているってことです。

しばらくの間は、本音を発すると罪悪感に襲われますが、それでも言い続けることが大事。決して相手の機嫌取りに逃げず、罪悪感を感じ抜くことを忘れないでください（罪悪感を感じ抜く大切さは、77ページに書いています）。

繰り返しになるけれど、あなたが本音を言うと相手が怒ったり、落ち込んだりするからといって言わないでいるのは、自分の感情と向き合わず、逃げていること。これって、自分自身に対してものすごく失礼なことです。

こういうことを続けていると、感情を排出する場所であるのどを傷めます。せっかくカルマ粒が生殖器のあたりから上がってきたのに、それを排出できないので、のどを傷めてしまうんですよ。

本音を言うと幸せになれる

悲しいときは悲しい、寂しいときは寂しい、つらいときはつらいって言う〝自分に嘘をつかない生き方〟って、最高です。

常識という刷り込みがいっぱいで、我慢することが当たり前の世のなかだからこそ、なおのこと自分に嘘をつかない生き方、我慢しない生き方が必要なんです。そんな生き方を始めると、最初は文句しか出てこないかもしれないけれど、いつしかその奥に隠れた本音がわかってくるときが、必ずくるんです。

そしてね、本音を伝えることを実践していくと、幸福度もどんどん大きくなります。これは私が身をもって証明してきたことだから、胸を張って言えるよ。

自分に嘘をつかない生き方をしていると、ときに他人には自分勝手でイヤなやつに映るかもしれない。でも、そういうとらえ方をする人は、その人自身のなかに、腐敗感情がたまってるってこと。

どんなふうに受け取られても、それは相手の問題。だから人の意見は気にせず、本当の自分に素直に生きてみてね。

罪悪感が出ることしかしちゃいけない

彼が「今日はセックスしたい」と言っているのに断ったとき、彼に「今日は仕事があって遅くなるから」と嘘をついてまで他の男性と会っていたとき、ひどい言葉を言ってしまい相手を傷つけたんじゃないかと落ち着かなくなったとき、夫に熱が出た子どもの面倒をお願いして飲み会に行ったとき……。

こんなとき、罪悪感が芽生えませんか？

よく「本音を言えばいいと言うけれど、罪悪感が出てきたらどうすればいいんですか？」と質問されます。そんなとき私はいつも、「罪悪感が出ることしかしちゃいけません。罪悪感こそが、子宮の声を聴く道しるべだから」って言っています。

え？って思うでしょ。じゃあ、罪悪感を抱くときってどんなときか考えてみてください。それは、「自分を自由にさせたとき」「世間の常識から外れたとき」です。子宮の声に従って、自分の思い通りにすると、頭の自分が「そうはさせないぞ！」と罪悪感という感情を使って自由にさせないようにしているんです。

だから、罪悪感が出たら「よし、自分は今、思い通りの生き方をしている」と思ってOK。罪悪感と仲よくなって、自由にしていることをやめないでほしいんです。

罪悪感を貫き通すと、自分を好きになる！

「罪悪感」という言葉がわかりにくくさせていると思うのですが、罪悪感ってただのカルマ粒の集合体、つまり、抑圧感情の塊です。だから、自由な言動をしようとすると、今まで押さえてきた感情が刺激されて、ぶわ〜っと罪の意識が湧き上がってくるんです。

冒頭でもお話ししたように、私は、会社で男性と張り合って仕事をし、精神状態もおかしくなって、会社からクビ宣告をくらいました。そのとき人生で一番ショックなことを言われたんです。

「お前、風俗やってるだろう？　かわいそうな女だな。クビ！」

そのとき、「あれほど慎重に風俗の仕事をしていることを隠してきたのに、なんでバレたの？」という思いや、「なんで男のあんたに、そんなことを言われなきゃならないの？」などいろいろな思いがふつふつと湧き出してきたんです。でも、最終的に出てきたのは、「私は私のことを守れなかった」という絶望的罪悪感。

同時に、摂食障害や精神疾患なども発症していたことを自覚し、自分を完全につぶして「こんな私が生きていていいわけない！」ってとこまで落ちたんです。

でもね、そのとき思ったのが、もう隠し事がバレて自分を傷つけることがないように、これからの人生は、全部をさらけ出して生きていこうってこと。

もともと自分の本音をつぶして生きてきたからこうなったんだ、っていうのもわかったので、少しずつ自分の言いたいことを伝えられる自分になっていこうって覚悟が決まったんです。

人間って、罪悪感を感じたい生き物なのかもしれません。だって罪悪感を感じなければ、自由がどれほど素晴らしいものかわからないから。

罪悪感が出てきても、やめずにやり続けて、飛び越える。そして、もっともっと自分のことを好きになってください。

自分らしく自由に生きるためには……

一番よくないのは、自由を生きようとしたときに罪悪感に押しつぶされて戻ってしまうこと。罪悪感を感じている最中って、気持ち悪いんです。たとえるなら、オナニーをしていてイク前のなんとも言えない感じだったり、大きなウンコが出る前のあとひと息の感じ（笑）。それって、おなかのあたりのカルマ粒が浮上してきているときです。

そのときに、罪悪感に負けてやめてしまったり、相手の顔色をうかがって「ごめんね」なんて謝ったりすると、せっかく浮上してきたカルマ粒が逆流して、また生殖器周りに戻っていってしまいます。

大切なのは、感じ切ること、やり切ること。それこそが、自分らしく自由に生きるための切符なのですから。

カルマ粒をためると病気になる

カルマ粒をため続けた結果、なってしまうものの代表が「がん」や「子宮筋腫」。一番なりたくない、恐れているものになっちゃうんです。

私も、子宮頸がんと子宮筋腫、どっちも経験しました。社会生活を送るなかで、性暴力を受けたり、裁判寸前のセクハラに遭ったり、上司のパワハラ、ＤＶ（ドメスティック・バイオレンス）に遭うなど、我慢に我慢をためて、男性への憎しみを募らせていった結果、病気になってしまったんです。

医学的にがん細胞や筋腫の細胞の成分は明らかにされているけれど、はる流に解釈すると、がん細胞も筋腫細胞も「カルマ粒」でできています。

筋腫とはいわゆる筋肉のコリのようなもの。イメージでは、まさにカルマ粒がいっぱい集まってコリ固まった感じですよね。がん細胞も抑圧された感情、ストレスが、健康な細胞を侵《おか》してしまったイメージです。子宮頸がんは、幸いにも初期の段階で見つかったので、手術するだけで済んだのですが、私は再発するのが怖くて、何度も何度も病院に検査をしてもらうために通ったんです。

そしたらある日、お医者さんから「もうこなくていい！」って出入り禁止をくらいました（笑）。そのとき、「再発が怖いからって何度も病院に行くというその不安こそが、病気の元じゃん！」って気づいたんです。

「再発したらどうしよう」「若いのに死んじゃうのはイヤ」。そんな恐ればかりが出てきたのは、本当の自分の声が聴けていなかったから。子宮は「カルマ粒をためるような生き方をしているよ」って警告してくれていたのに、そんな子宮の優しさにまったく気づけず、周りの人や情報に振りまわされて不安になっていたんです。

でもね、これは私がとことん不安にひたり切って、お医者さんから出入り禁止をくらうほど通わないとわからなかったこと。

あとね、「病院に行って再発していたらどうしよう。不安だけど、怖いから行かない」。そうやって不安を中途半端にして見て見ぬふりをしている人もいますよね。

それだと、いつまでたっても不安のループから抜けられないまま。

不安だったら、検査でもなんでもしてとことん不安にひたり切る、そこからしか何も生まれないんです。

自分を肯定し続け、病気を完治

私は不安を感じ切ったからこそ、お医者さんから「もうこなくていい！」と言われて、初めて「もう絶対に病気になんかならない自分になる！」って思えたんです。

こうして、自分自身と向き合いながら、子宮と対話をし、とにかく自己肯定、自分を愛することにエネルギーを注ぎました。

たとえば、「なんでこんなに私は人のことを憎んでしまうんだろう」という心の醜《みにく》さが見えたときは、そこから逃げずに、「憎んだっていいじゃない！　憎むのが私なんだから！」って、ひとつひとつそう思ってしまう自分を許して、肯定してきました。

のちに、子宮から突然聴こえてきた「孕ませられたい」という子宮の声を信じ、誰の子どもかわからない赤ちゃんを身ごもるのですが、妊婦健診でまたまた興味深いことを発見しました。なんと、子宮筋腫が消えていたのです！

子宮筋腫って、一度できたら消えないものだそうです。でも、ときどきなぜか消えたという人がちらほらいるという話を、産婦人科医の池川明先生もおっしゃっていました。そこで、私のなかで、カルマ粒と子宮筋腫がリンクしたんです。カルマ粒が少なくなっていくと、子宮周りの筋肉のコリがとれて子宮筋腫もなくなるのでは？　同様にがん細胞もなくなるのでは？

もちろん医学的にはなんの根拠もありませんが、最近では「体の疾患はほとんどが心の問題」ということを肯定している医師もちらほらお見かけします。実際私は自分の思いだけで、子宮筋腫を完治させちゃったんです！

我慢を強いる世間のほうが間違っている！

思いだけで病気を治すって、奇跡だと思いますか？

でもね、私は自分の思いで筋腫をつくってしまったのだから、自分の思いで治すこともできるんじゃないかって考えたんです。

だって、子宮は神社の象徴となるくらいのパワースポットなのに、そんなパワフルな場所を我慢することで傷めてしまっているんです。それって、我慢しちゃいけないってことでしょ？

世間は、さまざまなことに対して「少しくらい我慢しなさい」って言う。でも私は、子宮筋腫と子宮頸がんを通して、「我慢を強いる世間のほうが間違ってる」と思い始めて以来、少しずつだけど本音を言う努力を続けてきたんです。

子宮って、超絶自由な臓器です。子宮とは、イコール、宇宙であり、神様がいる場所ってことはお話ししましたが、宇宙とか神様ってなんの制限もしないですよね。制限をつくっているのは、私たち人間なんです。

それに気づくことができたら、免疫も高くなるし、最高の健康法。もう病気なんかしない体になれるんじゃないかな。それに、自分にかけた制限をひとつずつ外していくと、今度は社会のほうが自分を守ってくれるようになるんです。

不安を感じ切ったあとについてくる「ハッピー現象」

「不安を感じ切るとはいうけれど、ネガティブな感情にひたっていると、それらが増大していって、よくないものを引き寄せるんじゃないでしょうか？」

という質問もよくいただきます。

たしかに、不安を感じている間はあまりいい気分ではありませんよね。でも、不安のカルマ粒をそのままにして楽しいことを考えても、カルマ粒は残ったままなので、いつか同じような不安に悩まされる出来事が必ず起こるだけです。

ネガティブな感情ってそのままにしておいたら収拾がつかなくなる、というものではありません。ネガティブな感情は、デトックスするために湧き起こっているのだから。デトックスに必要なのが「感情を感じる」、つまり心の解放です。

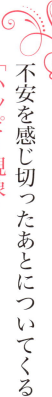

私がおすすめするのは、ネガティブな感情が湧いたら、誰かをハグするように自分をハグすること。第1章の膣発電のところで触れたように、感情のバイブレーションは子宮から胸のチャクラへ向かい、そこから漏れ出して、二の腕あたりに感じることが多いからです。

本当のことを言うと、感情を感じる一番の方法はオナニーです。体の底の膣から根こそぎ自分自身を抱く、というイメージでオナニーをすると、「自分自神」(自分のなかにいる神様、本当の自分)とつながり、感情を感じ切ることができます。

どんなにネガティブになっても、安心してネガティブにひたってOK! そうしていると、もうそんなにクヨクヨしたってしょうがないじゃん、もうどうでもいいや、って思えるときがくるんです。

そう思えたら、カルマ粒が消えた証拠。そして、ネガティブな感情が抜けると「ハッピー現象」といって、なぜか突然スッキリした気分になったり、うれしい出来事が起きたりするなど、大いなるポジティブを感じることができるんです。

だから安心して不安にひたりましょう!

どん底には、自分が望んで行っている

何を言ってもネガティブなことばかり言う人が周りにいると、凹《へこ》みませんか？　よかれと思ってアドバイスしているのに、「そんなこと言っても無理だって……」「それ、あんただからできるんでしょ」なんて言われると、ついイラッとして、「なんでもっと前向きに考えられないの？」「そんなふうにネガティブだから、よくないことばかりが起こるんだよ！」なんて言ってしまいます。

とくに、身内であればあるほど……。

そんなときは基本、放置です。魂ってよくできていて、本人が気づかないと、気づけるように体の調子が悪くなったり、事故に遭ったり、生きているのがつらくなるような出来事がもたらされたりして、気づくまでよくないことが起こるようにな

っているんですよ。

でもね、本当にどん底まで落ちた人が気づいたら、立ち直るのも早いですよ。私の場合、精神的におかしくなって会社をクビになったときは、もう死んだほうがいいと思いました。

でも、今思えば、自分でどん底に行きたかったんだ、ってわかります。だって、底の底を見たときに初めて子宮からの声、つまり、本当の自分の声を聴くことができたのですから。

人生、本気であきらめたことはありますか？

よく「人生本気で生きたことはあるか？」ってセリフを聞くけど、はる流に言えば「人生、本気であきらめたことはあるか？」のほうがピンときます。

私自身、「もう生きている価値もない……。人生や〜めた」って思ったときに気づいたのは、「あれ？　私、なんにも持ってないし、なんにも失うものはない。ってことは、なんでもできるじゃん」だったから。

たとえば、大病を患《わずら》ったときに「がんばれば治るかもしれない」って目標を持って変に期待するよりも、「もう治さなくていいや」ってあきらめてみることも大事だと思うんです。

今までは病気を治すことに100％費やしていた人がそれを全部あきらめたら、どうなると思いますか？

人って、目標がなくなると、次に何かしらの目標をつくらないといられないものです。だから、「病気を治す」という目標がなくなった分、新しい目標が必ず入ってきます。

たとえば、死ぬまでに釣りを極めるとか、小説を書くとか……。好きなことをして夢中になっているうちに、案外、治癒しているかもしれません。

この世界は全部自分次第。だから、極端だけど、必ず立ち直れることを信じて、人生をあきらめちゃっても大丈夫なんです。

お宮分けをしないと、本当の自分を生きられない

子宮の力を味方につけたら、どれほど素晴らしい人生を送れることか。でも、ほとんどの人がその力を引き出せないでいるのは、カルマ粒のせいです。なぜ、私たちはカルマ粒をためるような生き方しかできないのでしょうか？

その答えは、お母さんの価値観のなかで生きているから。現実的にはこの世界に生まれてきたけれど、意識のうえではまだお母さんの子宮のなかにいる状態なんです。**本当の自分を生きるには、お母さんの子宮から生まれ直し、自分の子宮で生きる必要があります。**私はこれを「お宮分けする」と言っています。

私たちは、胎児としてお母さんの子宮に入ったとき、お母さんの子宮の周りにあ

った無数のカルマ粒を吸収し、お母さんと同じ価値観を染みつけて、この世に生まれてきたのです。

その証拠に、「自分はお母さんのようにはならない」と思っていても、気がついたらお母さんと同じようなセリフを吐いたり、行動をしていたりってことありますよね。もしもそこに嫌悪感を抱くのなら、お宮分けができていないからなんです。

じゃあ、お母さんの価値観って何かというと、お母さんまで続いてきた先祖代々の抑圧感情と、その時代の世相的な価値観を合わせたものです。

私も、お母さんの子宮のなかの状態で生きていたときは、大嫌いなお母さんと同じ価値観を持っていたということに気づきました。

「世間様に恥ずかしくないようにしなければならない」「性を売ることは悪いこと」「みっともない自分をさらけ出してはいけない」「よくないことは秘めておくべき」「幸せなことも秘めておくべき」。

とにかく人から見てどう思われるかばかりを気にして、認められるためにまじめにしなきゃって思っていました。女らしくしなきゃいけない、社会人らしくしなきゃいけない……。こんなことばかり考えていたので、本当の自分がわからなくなってしまったんです。

私が無事お宮分けをできたのは、勤めていた会社のオーナーに風俗をしていたことがバレてしまい、これまで隠してきたこと、抑圧してきたことを全部外に出す生き方をしようって思えたから。自分は母とは違う、母とは別の私だけの価値観やルールのなかで生きるんだって決心できたんです。

当時は、精神バランスを崩すほどのショッキングな出来事だったけれど、今思えば、このことがあったからこそ、強制的にお宮分けができたんですね。だから、ショックな体験って、一概に悪いものとは言えません。何かに気づかせてくれる尊いものだったりするんです。

人間関係のトラブルは、お宮分けができていない証拠

お宮分けができていないと、人間関係でのトラブルが次々に起こります。お母さんとの間で抑圧された感情は、夫や恋人、子ども、上司など、自分の身近なフィー

ルドのなかで暴れることで、フタをしてきた感情を解消しようとするからです。苦手な人、嫌いな人は、感情を解消するために現れた人、というわけです。

人間関係でトラブル続きの人は、たいてい「母のようにはなりたくない！」と、お母さんを毛嫌いしています。本人は母と自分は違うと思っているのですが、実は同じ価値観のなかで生きているから、お互いのやることなすことが気になるんです。

いやいや、私は母とは仲良しだけど、父との間に問題があり、それが原因で人間関係がうまくいかないっていう人もいますよね。父はいつも不機嫌そうで怒ってばかり、家にいるだけで緊張していたけれど、母はそんな私たちの気持ちをすごくわかってくれた……。こんなふうに、母親を擁護する人も多いです。

でもね、この場合も最終的な問題は母親に行きつくんですよ。子どもからすると、「なんでお母さんは、お父さんに何も言わず黙ってたの？」ってことなんです。

本当の意味で、親の期待に応えるには？

子どもならもちろん誰でも、親の期待に応えたいっていう気持ちってありますよね。でも、本当のところ何をすれば親が喜ぶのかを知っている人って、かなり少ないと思うんです。

たとえば子ども目線で考えると、「お母さんが喜ぶのは、私の成績が伸びること」と思うかもしれません。たしかに、いい点数のテストを持ち帰ると、お母さんが喜んだ、という記憶なども手伝っているのでしょう。

でも、それは表面的なこと。親自身もわかっていないけれど、親の本音は「子どもが子どもの人生を自由に生きること」です。だって、有名大学は出たけれど生き方に迷うような子と、成績はそれほどよくないけれど自分の好きなことを見つけて毎日笑顔でいる子だったら、どっちが幸せだと思う？

絶対に後者だよね。もちろん、豊富な知識を生きる知恵に変えて生きるに越したことはないけれど、それは表面的なこと。本当のところは、子どもが満ち足りた笑顔で自分の人生をのびのびと生きることこそが、親にとっての幸せなんです。

ただ、魂を喜ばせて生きていればいい。親だってそれを望んでいるのに、自分で勝手に条件をつけて生きようとしてしまう。そんなの、もったいないよね。

人にされてイヤなことは、自分もすべき

母親に限らず自分の嫌いな人、最低だと思う人は、そのイヤだと思う部分こそ「本当の自分」であり、未来のために「今」必要な部分を教えてくれている人です。

以前の私は、「自分勝手な人」と「人に迷惑をかける人」が大キライでした。それは、母がそういう人だったから。何かというとすぐ叩く、威圧的《いあつてき》な態度を取り続ける、そんな感情に狂った母を見て、「感情的になると他人を傷つける」という思い込みを持ったんです。だって私が傷ついたから。その結果、言いたいことを我慢していい子ちゃんを演じ続け、優等生のふりをしてきてしまったんです。

だから、自分勝手で人に迷惑をかける人を見ると、腹が立ってしかたなかった。

でもね、私の目にそう映ったってことは、自分に足りないからうらやましいと思っ

ている自分がいた、ってこと。

もっと自分勝手に生きたい、人に迷惑をかけたとしても自由に生きたい、という子宮＝宇宙からのお知らせだったんです。

一度精神的にも肉体的にもボロボロになって、隠し事のない本当の自分を生きると決心してから、風俗嬢なのにお客さんに暴言を吐いたり、スタッフにも思ったことをストレートに言ったりと、自分を隠さず生きてきました。そうしたら、本来の私が顔を出してきて、健康になる、人間関係がよくなる、みんなに愛される、そんな優しい現実に変わってきたんです。

だからね、「人にされてイヤなことは自分も誰かにしてはいけない」ではなく、「人にされてイヤなことは、自分もすべきことかもしれない」が正解。本当はとっとと素直に、嫌いな人を真似ればいい、それだけの話なんです。

誰もが呪いを解く力を持っている

こうして子宮を癒していくうちに、感情の起伏の激しい母に対して、私と同じようにいっぱい我慢をしていい子ちゃんで生きてきてつらかったろうな、いつもそばにいたのに気づいてあげられなくてごめんなさい、って自然に思えるようになりました。

それと同時に、私を抑圧してきたのは母だけじゃなくて、周りの大人だったり、学校の先生だったり、世間体や常識だったりなど、いろいろな要素があったのに、全部母のせいにしてきたこと、しかも、本当は自分で自分を抑圧してきたことに気づいて、以前よりもうんと母と仲良くなれたのです。

母に呪いをかけられたから人生がうまくいかないなんて、真っ赤な嘘です。その呪いにかかったのは自分。あなたは、その呪いを解くだけの力をちゃんと持っているんです。

もっというと、その呪いがなければ自分自身と向き合うこともなかっただろうし、今のように楽しい人生はなかったな、っていうこと。

呪いがあったからこそ、その先に最高の時間が待っていたんです。

ご先祖様は、あなたに期待している！

世間でいう「母の呪い」とやらは、自分で解くことができるってことがわかったとき、同時に感じたことがありました。それは、「今、生きている私たちは、ご先祖様から相当期待されてるな」ってこと。

呪いをかけた母も、母親（私から見るとおばあちゃん）に呪いをかけられていて、その母親もまた自分の母（私から見るとひいおばあちゃん）に呪いをかけられていた。そして、その感情にフタをして呪いを解いてこなかったから、今がある。つまり、感情にフタをしてきたご先祖様たちの頂《いただ》きにいるのが私たちなんだよね。

本当はご先祖様も魂を輝かせて生きることを望んでいたけれど、生きているときはそれに気づけなかったし、できなかった。だから、ご先祖様たちは、自分たちができなかったことをどうか実現してくれ〜と、子孫に大きな期待をしているのです。

それを感じたのは、実家の青森にお墓参りに行ったときのこと。実は、風俗をしていることをひた隠しにしていた時期は、ご先祖様に怒られると思い、長い間、実家に帰ることも、お墓参りをすることもできずにいました。

でも、我慢なんかしないで自分らしく生きればいいんだ、全部さらけ出して生きればいいんだ、と思えるようになってから実家に帰りお墓参りに行ったら、子宮のあたりにご先祖様のエネルギーが響いてきたんです。子宮ったら、翻訳器です。

「大丈夫、大丈夫。ずっと近くにいるから、なんでもやれ」

ご先祖様がそう言ってくれていたんです。それまでの私は、「風俗の仕事が偏見を持たれるのは、日本という国が性をタブー視しているからだ。風俗嬢の私が、自分自身を克服できたとき、日本は変わる。私がこの日本をなんとかして変えなきゃ！」ってまじめに思っていました。

でも、ご先祖様のあったかいエネルギーを感じたら、その変な使命感がなくなり、「風俗は、世間的にも立派な職業だし、今以上に立派な魂である必要なんかない。

ご先祖様は、子孫である私の魂が輝くことしか心配していない。そして、自分の魂を輝かせることができれば、どんな夢も叶うんだ！」って感じたのです。

自分の魂を輝かせて生きていると、ご先祖様の歓《よろこ》びや守護のエネルギーが伝わってくるよ。きっと、「何代にもわたってできなかったことを、今世の子孫はやり遂げてくれた！」って、あの世で大盛り上がりをしているのかもしれないね。

そしてね、ご先祖様とつながったとき、私のパンツは必ず濡れています（笑）。自分と向き合い、現実を受け入れる覚悟ができると、第一、第二チャクラに響いて、膣が潤うからなのかもしれませんね。

波乱万丈の人生を選び遠回りをしたけれど、結局、母親の子宮から生まれ直すように、自分だけの子宮で生きて、その解放感を味わった結果、初めて母親が全身全霊で愛してくれていたことを知ることができたのです。まさに、「母親の呪い」が「母親の魔法」に変わったプロセスです。

親の期待に応えない生き方を選び、そのなかに魂の歓びを見つけたとき、親を越えて先祖代々の魂に輝きを共鳴させていけるのですね。

子宮メソッドQ＆A

Uterine Method ②

Q　幼稚園生のころ、中学生のいとこから性的いたずらを受け、そのせいか、好きな人がいても深い関係になりそうになると、自分から身を引いてしまいます。恋人はほしいけれど、深い関係になるのは怖い私。どうすればいいでしょうか？（30歳・整体師）

A　愛されることを望むなら子宮の声を理解すること

過去に受けた性的ないたずらに対して、どんな気持ちを抱いていますか？　たとえば、「私なんて大事にされる価値がない」とか「私を粗末に扱うなんて許せない」でしょうか。いずれにせよ、一度言語化して、洗いざらい気持ちを確認することがポイント。それが持ち主に届けたい、あなたの「子宮の声」です。

過去の自分や他人のせいにしても、前に進んだり、新しい可能性のなかで生きることはできません。また、想像以上に優しい男性が存在する世界に触れることもできません。もしも愛されることを望むのであれば、一層深く自分の子宮の声を理解することが大事。意識の深いところにある子宮の声（本音）を理解することは、自分を深く愛することと同じで、誰もが怖いと感じること。だけど、それを理解して声に表すということは、愛の世界に飛び立つことと同じです。せっかく生まれてきたのだから、愛し愛される経験を目指してみてはいかがでしょうか。

第3章

脈が育つと、どんな願いも叶い出す！

ふかふかの子宮に脈は育つ

子宮って、頭（思考）とはまったく別の意識として存在しています。子宮の声こそ本当の自分なのに、それを無視して頭の声を優先すると、子宮は本当の自分に気づかせるために、すぐに仕返しをしてきます。

たとえば、あんまり好きじゃない食べ物だけど、体にいいからって無理して食べるとすぐにおなかをくだしたり、本当は嫌いな人なのに無理してつくり笑顔で接すると、翌日風邪をひいたり……。仕返しというより、「本当の自分とは違うことをしてるよ」っていうお知らせなんです。

私と子宮は終始こんな関係にあるので、私は子宮の奴隷《どれい》です（笑）。子宮の声以外には従わない、つまり、ストレス級にノンストレスを追求した結果、すべてうまくいっている今があるんです。あくまで自然にね。そう思い込むこととは違うよ！

ここでちょっと復習。第1章では、生殖器の周りには血管が張り巡らされていて、膣を活性化することで血流がよくなり、脈（血管・血流）が育っていくと言いました。子宮がお宮だとすると、脈はお宮の周りを取り囲む木々。つまり、脈とは自然の生命力そのものなので、血管が張り巡らされている子宮はいつも温かくてポカポカしています。そしてこの脈を発達させると、子宮界隈《かいわい》が温まって、カルマ粒がどんどん上半身へと浮上。我慢してためていたことを口から吐き出していくとカルマ粒は少なくなり、脈はさらに子宮を取り囲むように発達していきます。

脈が発達しているということは、子宮の持ち主は思ったことをどんどん言えるようになっているってことなので、子宮の声が持ち主に届くようになってきます。

さらに、血流がよく温まった子宮は常にふかふかな状態。これは自分の経験でわかったことだけど、子宮がご機嫌だと、素敵な人と出会えたり、お金が入ってきたり、ほしい情報を得られたりなど、とくに「人脈」「金脈」「情報脈」に恵まれるようになります。つまり、脈を育てると、生命力にあふれ、躍動感のある人生となり、全部が楽しいと思えることが起こるようになってくるのです。

ストレスがなければ、子宮はもともとふかふかな存在

膣や子宮が冷えて硬くなっていると、脈は育たないので、最初はとにかく、膣をマッサージしたり、骨盤底筋群《こつばんていきんぐん》を鍛えるためにオナニーをしたり、セックスをしたり、おまたの温活《おんかつ》をしたりして、骨盤内の血流を促すこと。血流を促すには、動かして温めるしかありません（その方法は、第4章で詳しく説明します）。

ただし、最近わかってきたことがあります。実は産後、私はオナニーも、おまたの温活もほとんどしていませんでした。さらには、「食べたいもの」を食べ、タバコも吸っている……。それなのに、月経のときの血液は美しいほどサラサラでキレイ。布ナプキンに月経血を1滴も漏《も》らさず、全部トイレでしぼり出せるようなマッチョな膣、子宮になっていたのです。膣を触ると、いつも潤っていてふかふか、温かい。

こんなナメた生活をしているのに、いったいなぜか？

考えるうちに気づいたことがありました。私の生活は「だらしない」といえばそ

うですが、言い方を変えれば、「自分の好きなこと以外はしない」、つまり〝ノンストレス〟なのです。その結果、長らく私を支配していたマインドは、こんなふうに書き換えられたのでしょう。

「体温」＝上げるものではなく、もともと温かい。
「筋肉」＝つけるものではなく、もともとある。
「血液」＝循環を促すものではなく、もともとサラサラ。

書いてみると当たり前ですが、私たちはもともとストレスさえなければ、健康が当たり前です。我慢して、自己否定して生きているから、低体温を引き起こすし、筋肉を硬く緊張させるし、血液の循環を悪くするのです。

つまり、心がいい状態でストレスもなければ、子宮はいつだってふかふかで快適ってことなんです！

でもね、自己否定している人に「自己否定しちゃダメ」といっても、それは難しいこと。自己否定しているなら、徹底的に自己否定している自分を許し続けてください。それが本当の自己肯定。徹底的に自分に挑むと、がんばりすぎたのちにハッと気づいて手放すことができるようになります。

このサイクルを繰り返すたびに、願いが叶うまでの時間がどんどん短くなっていき、いつしか「願っただけで叶った」なんて言えるようになるのです。

私もストレス級にノンストレスを追求していますが、それでもストレスをゼロにするのは無理です。ただ、自分のストレスに気づけるようになると、それを手放せば願いが叶うってことがわかるので、ストレスを手放す過程も楽しみに。手放すべきことは、物だったり出来事だったり人間関係だったり固定観念だったりと、ちょっとしんどいのだけれど♪

そんなふうになれると、自然と脈も育っていけるんです。

この章では、脈を育てることで、どんなふうに願いが叶うようになるのか、私の体験談を入れながら話していきたいと思います。

あなたの脈もどんどん育てていきましょう！

自分にとって都合のいい人を引き寄せるまでのプロセス

脈のなかのひとつである「人脈」が育つと、当然のことながら、人間関係がスムーズになります。これまでトラブル続きだった人は、「こんなにスムーズでいいの？」と思うくらい、問題がなくなるでしょう。

仕事であればサポートしてくれる人や知恵を持っている人などが集まってきたり、恋愛であれば心も体も相性がぴったりで信頼できる人を引き寄せます。ひとことで言うと、「自分にとって都合のいい人」を引き寄せるようになります。

ただし、いきなり出会い運がよくなるわけではありません。たまったカルマ粒は浄化させなければならないので、素晴らしい人脈に恵まれる前に、必ず試されるような出来事が起こります。

でも、その人は自分のカルマ粒を浄化するために現れた人。ここでカルマ粒を浄化できれば、その後は、だんだん自分にとって都合のいい人が現れるようになっていきます。つまり、グラデーションのように出会い運がよくなっていくのです。

苦手な人は、カルマ粒を浄化するために現れた人

私の場合、もう何かを隠して生きることをやめようと決心し、風俗嬢である自分が表の世界に出て活動できる世のなかを創っていくことを周りの人に話したときに、第1関門がやってきました。

「そんなの無理だよ」という人と、「がんばれ〜」と応援してくれる人。常識的に考えれば、風俗嬢が発言する世のなかなんて手放しでいいとは思えないし、その否定的な意見に「やっぱり〜」と同意してしまいそうな自分もいました。

でも、私は私を信じたいし、私が奮い立つほうを選びたい、私の可能性を信じてくれる人とつきあっていきたい！　そう考えて、「無理だよ」という人には「NO」

を突きつけて自ら縁を切ったり、とくに「ＮＯ」を宣言しなくても心のなかで静かに縁を切ったりしてきました。

そうして不要なご縁を自分から突き放し続け、周りに応援してくれる人しかいなくなったころ、今度は、仕事にからむ人に「ＮＯ」を突きつけなければいけないことが起こりました。これが第２関門です。

風俗嬢という肩書きで世のなかで活動していくイメージは自分のなかにあったけれど、それに対していちいち「こうしたほうがいい」「ああしたほうがいい」とアドバイスという名でコントロールをしてこようとする人が現れたのです。

「私の好きなようにさせてよ！」と思うのですが、「この人を手放したら、せっかくうまくいきかけた仕事が頓挫《とんざ》するかもしれない。大きなネットワークも持つ人だし、つながっておいたほうがいつか使えるかもしれない……」。

そんな、不安を発端とした我慢的発想が浮かんでくるのです。

お店のお客さんや家族、友だちなら好きなことを言えるけど、仕事がからむ人だと、そう簡単に縁を切れませんよね。

でもね、このとき思ったんです。あ〜、私が本当に子宮の声に素直に生きられるかどうかを試すために、わざと断りにくい人との間に問題を起こさせているんだなあ〜。本気で自分を生きるつもりがあるのかどうかを、徹底的に試されているんだなあ〜と。

この人と仕事を続けていいのか、ホントはイヤなのか、ちゃんと子宮の声を聴いてその通りに行動しなければ、カルマ粒は浄化されないと悟りました。

こうして、怖かったけれど、自分を信じて必要ないと思ったご縁はどんどん切り捨てていく努力をしていった結果、いつの間にか大好きな人たちだけに囲まれる世界になっていったのです。

苦手な人、イヤな人と出会ったら「カルマ粒を浄化するために現れた人」と考え、「自分はどうしたいのか」を軸に、常に子宮の声に従って行動してみてください。

そのうち、あなたの周りは、あなたの応援団だらけになっているはずですよ。

そのプロセスを踏まえると、あなたの大嫌いな人だって、本当の意味であなたの都合のいいように生み出し、浄化のために引き寄せていることになるんです。

脳が子宮に降伏すると、パートナーシップもよくなる

喧嘩をすると仲が悪くなるとか、そのあとが面倒とかという思いがあると、本当の思いを言わずに喧嘩を避けてしまいがち。でも、そういうときこそ、相手にちゃんと言いましょう。ただし、その文句は自分が自分に対して言っている膣の声だとわかったうえでね。

この前も、こんなことがありました。私はやりたいときしか家事や育児をしないって、自分に徹底させているので、その分、パートナーの岡田がこまめにやってくれるんですが、ときどき「俺はこんなにやってる」アピールをしてくるんです。

なんにもしてない私は、岡田の言うことに洗脳されて「そうだよね」と思ってい

たけれど、よくよく考えると、「夜は岡田が寝てて、私が子どもにおっぱいやってるじゃん」って思いが湧き上がってきたんです。そこで、「よし、今度〝俺はやってるアピール〟してきたら言ってやろう」とタイミングを見計らっていました。

そんなある日、彼が「俺っていい父親だろ」アピールをしてきたので、「お前、夜は寝てんじゃん！　私だってがんばってるんだけど！」と岡田に怒りをぶつけました。と同時に、「あ〜、これは子宮の声だな」って感じたんです。

そのときの屈辱感といったらハンパありません。だって、相手に怒りが湧いたってことは、自分が怒りの種を持っていたってことだから。でもね、その屈辱感を味わえたら、子宮は「よくわかったね」ってＯＫサインを出してるんです。


このとき、脳は子宮に降伏したということ。子宮メソッドではまず、子宮は女性、脳（思考）は男性と考えるので、子宮（女性）の思いが脳（男性）に伝わり、さらに発言するという行動を取ったということは、現実でも、女性の思いがパートナーに伝わったってこと。だから、もうすぐパートナーは降伏してくれるということ。外側のパートナーシップも必ずうまくまわり出すようになるんです。

自分を信頼して本音を伝えるってことは、本音を言ってもそれに向き合ってくれるパートナーだと信頼しているからこそ言えるんです。これが理解できるようになると、本音がわかるたびに言わないよりも言ったほうがいいと理解できるので、ちゃんと言えるようになるんですよ。

最初は誰だって本音を言うのは怖いです。「こんなこと言ったら傷つかないだろうか？」「怒らないだろうか？」「嫌われないだろうか？」。いろいろな恐れがあふれてくる。でもね、自分の感情をしっかり感じて、思いを伝えると、汚い言葉を言っても落ち込むどころか、スッキリして元気が出るんですよ。まずね、私の機嫌がよくなります。ためこんだ腐敗感情が出ていくので、子宮が喜んでいるんです。

私も昔は、パートナーとの関係にひびが入るのが怖くて、とても本音を言えませんでした。でも、そう思っていたのは自分。自分の意見って口に出してみると、びっくりするくらい受け入れてもらえるんですよ。

ありのままの自分を相手が理解してくれるようになったら、とっても楽に生きられると思いませんか？　そのためには、子宮の思いをわかって自分と仲良くするってことが、必要不可欠なんですよ。

自分の潜在能力に気づかせてくれたのは、最低な男たち

脈が育つと、恋愛運もアップします。

私自身、学生時代は普通に楽しい恋愛をしていたので、もともとの男運は悪くありません。男運が悪くなったのは、東京に出てきてから。

親もとを離れ、体を売ることへの闇《やみ》を見たい好奇心から風俗を始めたのですが、社会通念のなかで生きていたら、当然ながら次第に罪悪感が出てきて、我慢する体質が加速。そこからおかしくなっていきました。世間のいう女性らしさに合わせていったら、どんどん歯車が狂ってきたんです。

ちなみに、当時の私はどんなだったかっていうと、彼が仕事から帰ってくるまでご飯を作って待っている、彼のために毎日お布団を干す、埃《ほこり》ひとつ残さないくらい

まで完璧にお掃除をする。今聞くと笑えますが、当時は極端なくらい「尽くす女」だったんです。そのころつきあっていた男性は、女は黙って俺についてくればいいんだ、という古典的なタイプだったり、超独占欲の塊の人だったり……。

あるときは、彼にお金を貢いだこともありました。「１００万円用意できる？」と言われると、必要とされていることがうれしかったし、「私にできないわけがない！」という変なプライドがむくむくと湧いてきて、ＮＯと言えなかったのです。

こんなことができるなら、ほかのことにエネルギーを使ったほうがよっぽどいいと思いながらも、やめられなかったんです。

でもね、今考えると、自分の力を引き出してくれたのは最低な男たちだったんです。負のほうに働いてしまったけれど、「私にはこれだけのエネルギーがある」ってことがわかったから。だって、お布団干しや掃除はもはや芸術の域だし、１００万円も用意できたなんて魔法です！

当時はそのエネルギーをどうすれば自分に向けられるのかがわからなかっただけで、自分の潜在能力に気づかせてくれたのは、彼らだったのです。

気がつけば、自分の世界が優しくなっていた

こんなふうに考えられるようになったのは、脈が育ってから（笑）。私の脈が育ち始めたのは、「風俗嬢」の肩書きで、表の世界で活動を始めてからだけど、もうひとつ、ソープ嬢になったというのも、大きな転機でした。

風俗といってもいろいろあります。一番最初に私が入ったお店は、いわゆる本番のない風俗店。もろにセックスをしてお金をもらうことに罪悪感や恐怖があったからソープに行けなかっただけなんだけど、ある人から「中途半端なことするなよ。やるならソープに行って、とことんやれよ」と言われ、「今そのきわどい道を覗《のぞ》かなければ後悔する」って思ったんです。

私って、とことんまで突き詰めたい、物事の際まで経験しないと気が済まない性格。だから、落ちるところまで落ちて這《は》い上がるという繰り返しなのですが、風俗に関しても同じで、興味があるならそこがどんな場所でも突き進まないと納得できないんです。それで一大決心をして、ソープで働くことに。でもね、この決心がす

ごくよかったの！　チャレンジ精神も旺盛だったからかもしれないけれど、ソープに行ってセックスをたくさんするようになって、私の子宮も活性化していったの。自分をさらけ出して、自分の内面にもとことん向き合っていったんです。

そしたら、自分を大事にしてくれる人たちに囲まれていることに、いきなり気づきました。とくに、ソープ店のスタッフは優しい人たちばかりで、私をお姫様のように扱ってくれたんです。

極めつけは、お客さんもとてもいい人ばかりだったってこと。私が落ち込んでいると励ましてくれて、私がワガママを言っても小さな女の子をあやすように見守ってくれる……。脈が育ち自分の内面に変化が起こったことで、自分勝手な客は私の前から姿を消し、私を受け止めてくれる男性ばかりがくるようになったのです。

気がつけば、私の世界が優しくなっていた……。外の世界とは、自分自身に対する信頼や評価がそのまま現れる世界だから、自分を肯定していくことで、周りが本当に優しく変わっていったのです。このとき、幸せでみんなから愛される風俗嬢になるコツをつかんだ気がしました。

自分が気持ちよくなれば、相手も気持ちよくなる

ソープ嬢を始めたころの私は、オナニーでならオーガズムを迎えられるけど、セックスではオーガズムを迎えられませんでした。本当は男性に「もっとこうしてほしい」ってお願いすればよかったのに、「そんなことを言ったらメンドクサイ女だって思われる」と思い、とても言えなかったんです。

でも、脈が育つに従って、彼氏には言えなくても、お客さんだったら1回きりか顔を合わせないからお願いしちゃおう、と思えるように。

「こうやって、ああやって」と私のイク体勢の研究につきあわせちゃいました。するとみんな快く協力してくれて、私もその時間がとても楽しくなったころ、挿入しながらイクことができたのです！

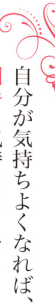

「私、セックスでもオーガズムを得られる！」ってすごく自信になりました。ここで気づいたことは、自分が気持ちいいことを追求すればするほど、周りも楽しくなるってこと。私がセックスでイクと、お客さんがみんな喜んでくれたんです。

私の接客はガサツで、女性らしさからはかけ離れていたけれど、自分が気持ちよくなれば相手も気持ちよくなるというコツをつかみ、やりたくないことはやらずにいても、お店で自然に人気が出始めたんです。

強いて努力したことといえば、自分の快楽を相手にサポートしてもらいながら追求することをあきらめなかった、ということかな。

世界のすべてが、愛おしくてしかたない！

そのころ、私はお店で「メロンちゃん」って呼ばれていたんですが、スタッフからも「メロンちゃん、明日出勤してくれないかな。人数足りなくて〜」と頼られて、すごくうれしかった！　セクシーさ、かわいらしさは足りなかったけど、笑って元気で楽しそうってだけはとりえだったんです。

だから、私の写真を見て指名してくる人は多かった。どの業界もそうだけど、リピーターが付くってステイタスだったりしますよね。でも、私は正直、リピーターはあまりいない。その代わり、新規のお客さんは多かったので、それで十分でした。そんな状態だったので、風俗嬢をしていることが幸せで、なんの問題も起きないことが問題なくらい。もう、すべての男性が愛おしくてしかたない。男性だけでなく、私の世界のすべてが愛おしくてしかたなかったのです。

そんなある日、私の自己肯定感が、全身全霊で最高潮に達したのでしょう。子宮からある強烈な衝動が湧き上がりました。それが、前にも話した、

「子どもを生みたい！　孕ませられたい」

というもの。全信頼をおける子宮がそういうのであれば、誰の子どもでもいい、って思えました。だって、すべての男性がかわいくてしかたなかったから。

そして、本当に誰の子かわからない子を妊娠。シングルマザーとして生きるのかな〜と思っていたときに、今のパートナーである岡田に出会って、結婚することになったのです。誰の子かわからない子どもを、本当の父親以上に愛情を込めて育ててくれている岡田。子宮は、最高のパートナーを用意してくれたのです！

男性は、ある部分を承認するだけで機嫌よく過ごせる

脈を育てるときに、ぜひ意識してほしいことがあります。それは、〝女性とは、男性よりもためこむのが得意な生き物である〟ということ。

そのことは、性器のつくりに現れています。女性器って穴が開いていますよね。もともと穴が開いているっていうことは、欠乏感や自己否定があって当たり前の体の構造なんです。それが心にも投影される。だから、そこをなんとかして埋めようとするんです。

本当は、自分を満たしてあげるのと同じように生殖器を満たしてあげることができれば心に栄養が行き届くのに、たいていは、穴が開いているといった自覚もなく、

無意識のうちに不要なものをためてしまう。その結果、さらに欠乏感に襲われるという繰り返しなんです。

私は、自分の体には膣という穴が開いている、ってことをいつも意識してます。そして、その穴を膣が喜ぶもので埋めたいって思っています。それが、岡田のオチンチンというわけです。

ちなみに、男性はオチンチンという出っ張りの生殖器なので、男性も男性で、オチンチンを収める何かがほしいんです。きちんと収まる穴があることで、根拠のない自信が生まれる、それが男なんですよね。

パートナーシップがうまくいく極意

私は岡田に尽くさないし、岡田を立てることもしていません。一生懸命、家事も育児もやってくれる岡田を見て、「すごいね〜」とも褒《ほ》めません。

それでも、岡田が自信満々でいられるのは、「妻は僕のここ（オチンチン）だけ

は認めてくれている」という揺るぎない根拠があるからだと思うんです。だから、なんでも私の言うことを聞いてくれるんです♪

よく、男性は承認さえもらえれば気分よく過ごせるって言いますよね。それは本当だと思うけれど、私の考えとしては、男性の行動や発言を承認するよりも、オチンチンを承認したほうが確実に効果的。

女性がオチンチンを承認してあげるだけで、男性の心と体は満たされ、パートナーシップはものすごくうまくいくようになるんです。

ということは、子宮を活性化させて脈をどんどん育てて、オチンチンを承認できるだけの膣感覚を身につけないとね！

ワガママになったら収入が増えた！

「もっとお金がほしい」と願う人は多いと思いますが、脈が育つと目に見えて、お金が入ってきます。しかも、楽しいことだけをしているのにザクザク入ってくるから、面白い！　これほどわかりやすいものはありません。

ソープ店で働く前の私は、いつも貯金ゼロで、お金がない不安でいっぱいでした。ソープではないにしろ、風俗店だったので、それなりにお金は入っていましたが、あればあるだけ使ってしまう。決して贅沢《ぜいたく》をしていたわけではなかったのだけど、気がつくとなくなってしまう、の繰り返しでした。

世間的には「風俗をやるならお金を貯めるのが常識」という暗黙の雰囲気もあったので、お金を使ったあとは、「あ〜、また使っちゃった」と自分を責めて、罪悪感でいっぱいになり、お金を使うことをまったく楽しめなかったのです。あるときは、お金を貯めようと決心し、銀行で定期預金までつくったけれど、何かしら事件が起きて大金が必要になり、定期預金を崩すことになる、という状態でした。

そんな私のお金まわりがよくなり始めたのは、子宮委員長はるとして、自分を立て直そうと決意してから。お客さんにワガママを言っても愛されるようになっただけでなく、新規のお客さんがチップをものすごくはずんでくれるようになったのです。あったらあるだけ使う、という習慣は今でもそのままですが、お金は「所有物」という考え方から「循環するエネルギー」と思えるようになれたんです。

お金が循環するエネルギーであるならば、脈を枯らしていいはずがありません。そのためには、我慢は絶対厳禁。とにかく我慢をしないで好きなことに夢中になっていれば、努力や苦労をしなくても、どんどん収入に恵まれるってことがわかったのです。

ちなみに、岡田と出会ったとき、私たちの貯金はゼロ円。でも、それから1年後、夫婦で講演会を開いたり、セッションをしたり、ＤＶＤを作成するなど地道な活動をしていたら、合わせて年収は2000万円を超えていました。

2000万円を超えると、びっくりするくらいの税金を国に払わなければなりませんが、自分たちの払う税金が楽しいエネルギーで使われるならそんな素敵なことはないと思い、喜んで支払いました。

ちなみに、今では何気に夫婦で月収500万。月収500万ってどれだけ必死になって働くの?と思いますよね。でもね、お互い1カ月に7日も働いていないのが実情。それでもあったらあるだけ使ってしまうので、相変わらず貯金はゼロなのですが、刺激的な生活を楽しんでいます。

安定のなかに安定はない

贅沢三昧《ざんまい》で豪邸に住み、思い通りに幸せそうに暮らしている芸能人や経営者のテレビ番組を見て嫉妬《しっと》することってありますよね。それって、本当は自分もいい暮らしがしたくて必死で努力をしているのに、かたや、楽しそうに笑って、旅行して、好きなことを自由気ままにしながら贅沢な暮らしを実現している人を見ると、自分の努力が否定されているようで腹が立つんです。

本当は、もう一歩、自由に生きることができれば、自分も嫉妬した相手のようになれるのに、そのことに気づかず批判しているなんて、もったいないですね。

最近、岡田が言うのは、「お金を稼ぐのが簡単でつまらなくなった」ってこと。そんな岡田との会話は、「ところで、次、何する？」そんな感じです。

私が岡田といて「いいな〜」と思うところは、いつも思いつきで生きていること。

昔は安定した収入や仕事がほしかったのに、安定のなかには安定なんてないってことがわかったとき、だったら自分で創り上げる世界に飛び込んでいったほうが、楽しいことがいっぱいあるんじゃないかと思ったのです。

もちろん、それはとても怖いことでした。何かあっても誰のせいにもできないしね。でも、実際にそこを飛び越えてみると、不安定の楽しさが毎日を飽きさせない。飽きたら次の直感を待つ。私たち、きっと死ぬまでこの繰り返しなんですね！

それを繰り返すうちにわかってきたのは、感謝できる未来は、何があっても誰のせいにもしないことで手に入る歓びのなかにしかないってこと。すべてをかけた自己責任だからこそ、得られる歓びはとてつもなく大きいんです。

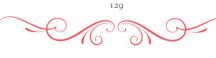

お金を使う基準は、魂が喜ぶかどうかだけ

自分の好きなことしかしていないのに、なぜこんなにもお金がザクザク入ってくるのかというと、お金はエネルギーだからです。

魂の喜ぶことにお金を使えば、バチなんか当たりません。でも、多くの人は罪悪感に押しつぶされたりして、魂の喜ぶことにお金を使えません。トキメクことにお金を使えば使うほど、お金は確実に入ってくるのに、本当にもったいない！

以前、生活保護を受けている女性が、そのお金でセミナーにきてくれました。普通、生活保護のお金で自分の好きなことをするといったら、罪悪感が湧いてなかなかできませんよね。でも、その女性は勇気を振りしぼって、自分を幸せにするためにきてくれたんです。

本当に心地いいと感じることだけをすれば、お金って絶対にまわってきます。これが、女性器や女性性を活かした最強のビジネス法です。

自分の「子宮」というお宮にお賽銭、ご奉納をいただき、あとはひたすら自分の子宮様のご機嫌をうかがっている、そうすれば脈が枯れることはありません。仕事もどんどんまわっていきます。

女性器が枯れれば枯れるほど日本の経済状況は悪化をたどることになるので、女性が膣を潤し子宮を温めることは、国の運命を左右するほど大切なのですよ。

保険に入ることは、不安を買うこと

もうひとつ、「将来のためにお金をためない」ってことも大事です。たとえば、事故や病気をしたときのための保険って、ほとんどの人が入ってますよね。でも、本当のことを言えば、事故のために保険に入れば事故は起きます。病気のために保険に入れば病気になります。

だって、保険に入るという行為自体が、不安を買うことだから。私はそれに気づいて以来、病気やケガをしたときのための貯金も一切していなければ、保険にも入っていません。「もし何かあれば、誰かがなんとかしてくれるだろう〜」ってお気楽に考えています。

こうして現実から変えていくってことも、子宮に委《ゆだ》ねることになりますが、だからといってむやみに真似しないでくださいね。保険を解約すれば、病気や事故が起きないというわけではありません。そこに潜む「不安」そのものを感じることができなければ、保険に入ろうが入るまいが、どのみち、不安を感じさせる出来事は起こるということです。

お金が舞い込んでくる基礎は、とにかく膣が潤っていること、そして、パートナーシップやセックスが満足いくものになっていること。

これらができていると、気持ちよく必要なときに入ってくるし、楽しいことに出て行くし、「絶対に」お金に困ることはないし、歓びのなかで暮らせます。

これ、金脈の鉄則です。セックスでの出し入れと同じですね♪

男性に頼ると、お金の巡りがよくなる

脈が育っていないときの私は、「自分で稼いでいける！　男の世話になるような女じゃない！」っていうプライド高めの女でした。でも、今の私は、とにかく男の人にお世話になって生きていこうって思っています。すると、岡田がどんどんお金を稼いでくれるからです。

本当の自分を生きると決めて、風俗嬢として表舞台で活動するようになってから、どんな自分も許せるようになってきました。私には愛人が何人かいたけれど、自分を許せるようになると素直に「愛されよう」って思えるようになり、お客さんや愛人との関係もすごくよくなってきたんです。

風俗店にきてくれるお客さんは、とてもよくしてくれて、「うちの畑でとれた野菜だから」って、野菜をお店に持ってきてくれたり、整体師さんが逆に私に整体を

してくれたり、ヒーラーさんがヒーリングしてくれたり、お坊さんがきたときはお経を読んでくれたり……、もう至れりつくせり。

その後、「孕ませられたい」子宮からの衝動に従って、誰の子どもかわからない子を妊娠したことを愛人に話すと、彼らは私を見捨てるどころか、お金を援助してくれて、「私って、不安を持てないくらい愛されてる！」って思えたんです。

そして気がつけば、男の人にお世話になっている自分をすごく心地よく感じているという現実。このとき「私、これこそが本当の幸せだ」って確信しました。

風俗を引退したあとは、愛人もいなくなって、一度はパートナーの岡田だけになったけれど、今は、婚外恋愛中。今度は、岡田や不倫相手にお世話になってずうずうしく生きていこう、って決めたんです！

自分が開いた分だけ世界も開く

「男の人に頼んでいいんだ」って思えるようになるまでは、努力が必要でした。頼るのが苦手な私にとっては、「これ、やってくれないかなあ〜」って何かをお願いするだけでも、ものすごい罪悪感が湧いてくるからです。

でも、それでもやり続けたの。最初は「私がこれをやる代わりに、あなたはこれをやってくれないかな～」と交換条件が精一杯だったけれど、そのうち「これやって」になって、今では「これをやるのは当然。私が生きているだけで、あなたはハッピーでしょ？」っていう態度を取れるまでになったんです。

もう怖いものはありません！　自分でも好きなことをして稼ぐけど、男の人に頼ることで、男の人も楽しく稼ぐ能力が開花する。金脈が勝手にまわり出す感じです。

意地を張って男に負けないように稼ぐよりも、男の人に頼って楽に生きたほうが、お金も巡っていくのですね。

こんなふうに、自分が開いた分だけ、世界も確実に開きます。だから、わざわざ高いお金を払って自己開示のための勉強なんかしなくても、包み隠さず自分のすべてをさらけ出せば、絶対にお金の巡りもよくなってくるのがこの世です。

心を開くとは、子宮を開くこと。子宮を開くので、体の循環が生まれます。体が循環するってことは、お金も情報も循環するってこと。パートナーと二人で循環させながら世界を広げていくだけで、お金がザクザク入ってくるようになるんです。

「自立しない」「依存する」が良好な人間関係のカギ

男の人に頼るといっても、なかなか難しいですよね。それは、子どものころ、「人に依存しないで、自立しなさい」って教えられてきたからです。これ、けっこうな呪縛です。大人になってもこの呪縛が解けない人がほとんどですよね。過去の私もそうでした。

一歩間違えば、他人からの評価を得るために、親や男性と張り合って体を壊して、自分を殺しかねない……。それが、世間で言われる自立です。もう「本当の自分」がどこにいるのかわからなくなるほどに、いつの間にか「完璧」という鎧《よろい》を着て「自立したフリ」をするようになってしまいます。

なんでもそうだけど、「努力することで成果を得られる」ってことを信じて、周りに頼らずなんでも一人でがんばった結果、男の手を借りなくてもなんでもできる女になり、男よりもプライドの高い女になる。愛に飢《う》えているのに、弱みを人に見せられなくなってしまうんです。

これで人間関係がよくなるわけがないですよね。本当に必要な努力、それは、「努力しない、という努力」なんです。自立の呪縛にかかっていると、なんでも自分でやらなきゃとか、がんばらなきゃという思いが先に立つけれど、本当は、「がんばらないようにがんばる」ことで、体も心も楽になっていくんです。

だったら、がんばらないようにがんばるにはどうするかというと、自分のやりたいこと以外は「何事も相手に委ねる」ことです。現代の女性って、なんでも一人でがんばるから、頼ることを知らない。自分に頼ってくる女性や、男性に頼る女性を見ると腹が立つのは、本当は、「それを真似たら幸せになれるよ」という宇宙からのお知らせなのだけど。

私はいつも私以外の誰かのせいにしたり、自分の意志ではどうにもならない月や天体のリズムのせいにしたりして、依存する努力をしています。

それくらい意識していないと、私はすぐ自分を責めてしまい、子宮を冷やすってわかっているから。もう自分を滅ぼしたくないんです。

世間の教えとはまったく逆の「自立しないで依存する」。これができるようになったら、自分を大切にしているってことでもあるし、本当の意味での自立を確立することができます。できないことは他人に頼むなり、助けてもらうことこそ、本当の自分を輝かせる自立になるんです。

自分のために生きていい!

「人のために生きなさい」。私たちは、そう言って育てられてきました。でもね、誰かのために生きることほど、子宮を落胆させることはありません。だって、子宮は持ち主さんのことが大好きで、持ち主さんに幸せになってほしいのだから。

持ち主さんに無視された子宮は、人のためじゃなくて、自分のために生きていいんだってことをわからせるまで、いろいろな現実を送ってきます。

冒頭にも書きましたが、私は別れた彼の前妻の子を引き取るために、経済力をつけようと必死でがんばりました。でも、その子が亡くなっていたと聞いて、私の鬱症状は悪化。精神的にどんどんおかしくなっていったんです。子どものためにずっとがんばってきたのに、その子はもういない。もうなんのためにがんばればいいのか……。本当に全身の力が抜けて、生きている意味がわからなくなってしまった。

でもね、そこまでのことが起きなければ、私は〝自分のために生きていい〟ってことがわからなかったんです。幸せにしたい家族がいると、自分のためだけに生きていいってことがわからない。だから、魂は私を一人にしたんじゃないかって。

魂って気づくまで痛いところをついてくるんです。どんな手段を使ってでも気づかせる。私はこの一件があって以来、誰かのために生きる必要はないんだ、自分のために生きていい、自分を幸せにすればいい、ってことがわかったんです。

人のために生きるのではなく、自分のために生きてください。人のために生きると、必ず自分への不満でいっぱいになります。

まずは自分のためだけに生きればいいんです。だって、自分がハッピーなら、周りも自然とハッピーになるのだから。幸せになるって、そんな簡単でシンプルなことなのに、それに気づけないから苦労しているのが人生なんですね。

自分にとって都合のいい情報ばかりが舞い込むのはなぜ？

ほしい情報が最高のタイミングで飛び込んでくる「情報脈」は人がもたらすものなので、「人脈」とも密接に関係しています。

情報脈が枯れていると、周りの情報に振りまわされて、「あいつは間違ってる！」と自分の正しさを振りかざしてジャッジし始めます。

でも、他人を裁くのは自分に自信がないから。自分に興味があって、自分の正しさに余裕を持てていたら、相手のことを否定なんかしないはず。他人から得た情報で知ったかぶりをし、何もわかってないのに他人の領域を侵そうとするのは、自分不在ってことなんです。

私も昔はそうでした。自分のことが信じられなくて、他人に振りまわされっぱなし。そのくせプライドが高いメンドクサイ女。子宮の声を完全に無視していたので、私の膣＆子宮は冷えてカチカチだったと思います。

そんなとき、子宮頸がんになり、健康を見直さなければとオーガニックベジマニアになったことがありました。主食は玄米、野菜は自然食品店に売られているものだけ、お肉は一切食べない、塩にはこだわる……。

でも、「病気になりたくない」という不安から始めたので、ネットを開いても、人から聞く話も、「これを食べると、病気になるよ」「この野菜はダメだよ」と不安な情報しか耳にしません。

たまにおつきあいで、オーガニック以外のものを食べてしまうと、そのあとに必ず約束を守れなかった自分が大キライになる。

自分を否定することが多くなり、不安情報ばかりが目に飛び込むようになり、「いったい何を食べればいいの？」「食べるものなんかないじゃない！」「こんな食べ物ばっかりつくりやがって！」って、世界が敵に見えてきたのです。

でもね、よくよく考えると、そういう世界観を持ったということは、自分にも責

任があるはず。だって、世界を創っているのは自分だから。「どうすれば自分は幸せにな
「もっと楽しい世界観にするにはどうしたらいいか」「何を食べてもへこたれない健康力があ
るのか」を考えた結果、出てきた答えが、「何を食べてもへこたれない健康力があ
ったほうが、よっぽど幸せなんじゃないか」だったんです。

そこで、子宮の直感の赴《おもむ》くままに、今度は添加物入りのものでも食べたいものは
なんでも食べ始めたんです。やってみて思ったのは、「好きなものをなんでも食べ
たほうが、よっぽど冒険的で楽しかった」ということ。

しばらく食べたいものを食べ続けていたら、面白いことに、入ってくる情報の質
が変わりました。どう変わったかというと、「体は自分にとって毒になるものは吸
収しない」とか「ウンコさえ出れば、健康でいられる!」とか(笑)。

自分が何に喜ぶかを知らないと、情報を選べない

現代は、めちゃくちゃな情報であふれかえっています。そんななか、情報に振り
まわされてしまうのは、自分は何に喜ぶのかがわからないので、何を選べばいいか

わからないってことが原因なんじゃないでしょうか。

情報脈が発達してくると、自分に都合のいい情報だけをキャッチできる能力が研ぎ澄まされて、その情報自体がその人をサポートしてくれるようになります。

私だって、毒は食べたくありません。私の場合は、自分が食べ物を選ぶというよりは、宇宙が私に必要な食べ物を運んでくれているって思っています。それくらい宇宙に対する信頼感があるんです。

息子は完全母乳で育てていますが、私はタバコもお酒も大好きだし、コンビニの塩むすびもカフェオレも肉もラーメンも大好き。食べたいものを食べているのに元気でいられるのは、子宮からの直感に素直に従っているからだと思うんです。

世のなかにはいろいろな情報があふれているけれど、自分自身が躍動感に満ちあふれる生き方をしていたら、都合の悪いことは寄せつけないはず。そもそも寄ってきたことを「悪」だと断定する暇がないんです。

一番大切なことは、子宮と両想いになること。そうすれば、あなたにとって必要で都合のいい情報だけがやってきて幸せでいられるのですよ。

子宮から「お告げ」をもらうには？

子宮を温めて脈を育て、自分の感覚に従う言動を続けていくと、都合のいいことばかりが起こります。さらには、子宮から「お告げ」ももらえるようになります。どのような感じで出てくるかというと、まったく考えてもいないことが、突然、ボロッと口から出てくる感じ。その声の特徴は、感情がなく、啓示・前兆・指針・道しるべ・予告・予知という感じの内容で、突然ビジョンが見えたり、ポーンと言葉を口走ったりします。

私はこれを「未来を思い出す」と言っています。願ったことが叶うのか、それとも、もともと未来の自分を知っていてそれを思い出すのか定かではありません。

繰り返しになりますが、私の場合、あるとき突然「孕ませられたい」ってお告げが出てきました。私のほうがびっくりして、「お金もないし、相手もいないし、子どもなんかできたらどうするの？」と子宮に聞くと、「大丈夫、大丈夫、全部用意するから」って言うんです。なので、それを信じて妊娠したら、妊娠中に今のパートナーの岡田が現れて、お金もザクザク入ってきたんです。

実は、出産したあとも、突然「養子ほしい」ってボロッとお告げが出てきました。今まで一度も養子がほしいなんて思ったことはないので、自分でもびっくり。「うそ〜！　なぜ養子を？」と思ったけれど、いつかその日が来るのを楽しみに待つことにしました。もしそれが本当だとしたら、人生面白く賑《にぎ》やかになりますよね。

あとは、「引っ越したい」というお告げもありました。当時、都内で家賃16万円の物件に住んでいましたが、子どもが生まれて手狭に感じていました。でも、引っ越す資金はありません。

それでも物件探しはタダだからと楽しく探していたら、いいなと思う物件を発見！　ただし、家賃30万円。怪しい自営業の二人で審査が通るのかとか、資金は用意できるかとか、家賃を払い続けることができるのかとか、素直に不安はありましたが、やってみなきゃわからないじゃない？ってことで、不動産屋さんに交渉。結果、審査は通ったし、資金も入ってきたし、何よりも家賃30万円を払える経済力が岡田に与えられました。

そんな適当に人生を決めていいの？って驚く方もいるかもしれないですね。これを信じるか信じないかはあなた次第なんですけど、私は「子宮は人生の道しるべを見せてくれている」って思うんです♪

お告げが出るまでの3ステップ

子宮のお告げは人生を豊かに彩ってくれる素晴らしいもの。でも、カルマ粒がたまっていると、子宮のお告げは出てきません。せっかく子宮から湧き上がってきたお告げがカルマ粒にあたって、脳に届く前に消えてしまうんです。

だから、極力カルマ粒を減らす努力をしておかないと、せっかくのお告げも聴こえなくなってしまうんです。

お告げが出るまでの３ステップというものがあります。

暴言↓本音↓お告げ

これまでも説明してきたように、私の人生が波乱万丈になったのは、自分が思っていることを押し殺して、自分の意見を言わなかったから。ただそれだけの話。

「相手が傷つくかもしれないから」って自分に言いわけをしてきたけれど、相手を弱い人にしていたのは私。今考えると、本当に失礼だったなって思います。

それに気づいてからは、抑圧された感情を解放するために、とにかく思ったことを言いました。

やっぱりカルマ粒がたくさんたまっているときは、どうしても暴言になっちゃうんですよね。風俗店にくるお客さんや愛人にも、

「いっぺん死んだほうがいいよ！」

「そんなヘタレだから儲《もう》からないんだよ！」

など、感情のままに暴言を吐きました。そんな言葉を言うときも、言ったあともとにかく自分を許しました。

言われた相手は、一瞬「？」となるけれど、「はるちゃん、今、きっと機嫌悪い

んだね♪」となぜかうれしそうなんです。普段暴言を吐かなかった私が、突然暴言を使ったので、何かあるんじゃないかって、みんな察してくれました。

暴言が吐けるようになると、どんどん本音が見えてきました。私が子宮委員長はるとして活動を始めたころは、「愛されたかったら、自分で自分を愛せばいい。そうすれば、誰かに愛されたいという気持ちはなくなる」って思ってました。

でも、あるとき意識を子宮に向けて内観していたら、

「愛されたいって気持ちはずっと持ち続けていなきゃダメ。だって、これが人間の本質だから。愛されたいって気持ちがなければ、何かを求めて生きようとしなくなってしまう」

って思いが湧いてきたんです。

みんな「愛されたい」という気持ちを他人に見せるのは恥ずかしいから、気づかないふりをしているだけであって、本当のところは「愛されたい」んだ。「私は愛されたいんだ！」って思えたんです。

これが、究極の本音！と思えた瞬間です。

女性はみんな直感に優れた「巫女《みこ》」

こうして膣や子宮の声を聴いて口に出したり、感情を感じ抜いてデトックスしたり、勇気を出して自分のなかの恐れと向き合っていくうちに、子宮に対する意識が研ぎ澄まされ、もっとなかへ、もっと確信へと近づいていきました。

すると、お告げが出てくるようになったのです♪

暴言のあとには本音があり、本音のあとにはお告げが出てくる。本来、お宮を持っている女性は、みんな「巫女」。だから直感に関しては、男性よりもはるかに正確で優れているんです。

ちなみに、子宮からのお告げは、絶対に肯定的なものです。人生がワクワクすることしか、子宮は言いません。もし、ネガティブなことが頭に浮かんだときは、それは直感ではなく不安のカルマ粒にあたって、それを脳が思考を使って見せてくれている状態。間違わないようにしてくださいね。

子宮メソッドQ＆A

Uterine Method ③

Q　35歳、婚活中です。友だちは結婚して子どもがいる人も多く、いつまでも一人でいる自分はみじめな気分でいっぱいです。結婚相談所に登録していますが、紹介される人はいまいちな人ばかり。どうしたら理想の人に出会えますか？（35歳・会社員）

A　**理想の相手に出会いたいなら自分を知る作業は必須！**

みじめな自分から逃げてもし結婚できたとしても、誰かと比べて自分を否定している限り、みじめな結婚しかできません。理想の人に会えないと言う前に、どんな人が理想であるかを思い描けるくらい自分のことをわかっていますか？　何が好きで嫌いか、何ができてできないのかを自覚できているのなら、それが理想の自分。本当の自分に向き合うということは、理想の人に出会うための花嫁修業です。

一番みじめな思いをし続けてきたのは、持ち主にわかってもらえない子宮です。嫌われたくないからといい人を装って、不必要な物や人の縁、思考を子宮にためこんでいませんか？　そのちょっとした妥協は現実世界にもリンクし、結局はみじめな思いをしたくないからと、妥協のままに結婚できそうな相手を見つけ、妥協の結婚生活が始まります。それはそれで、自分との向き合い方次第でどうにでもなりますが、美しい魂を持つパートナーと出会いたいなら、日常のなかにあふれている「好き嫌い」や「できるできない」を自分の意志で選別していく作業は必須です。

第 4 章

子宮に愛される私になるための「メンテナンス17」

体調不良の人は、体が冷えて頭が熱っぽい

これまで、膣を活性化させて子宮を温めることが、抑圧された感情であるカルマ粒の浄化につながることを話してきました。カルマ粒を浄化するには、思ったことをためずに口に出して言う、自分の好きなことだけをするなどが大事ですが、物理的に膣を活性化させて、生殖器を温めると、カルマ粒の浮上速度が速まります。その方法としては、次の3つ。

①膣マッサージやひとりエッチ
②セックス
③おまたの温活

現代人の傾向として、体調不良を抱えている人が多いのですが、こういう人は体が冷えて、頭が熱っぽい感じです。

そのため、プライドが高く、ついついがんばりすぎたりして、ストレスをためやすい体質になってしまいます。体に委ねられずに頭で考えるタイプです。

このような状態だと体調ばかりか、人生にまで大きな影響を及ぼします。行き過ぎると、頭に上った「気」が爆発し、精神疾患になります。同時に、体が冷えて体調不良が起こります。

反対に、絶好調な人は、体が温かく頭がクールです。そのため、物事を冷静に判断できたり、自分の好きなことが何かをわかっていたり、自分の直感を信じて生きることができたりします。頭よりも体の赴くままに行動できるタイプです。

私も以前は前者でした。一生懸命がんばって病気になって……。そんなときに最初にしてみたのが、「冷え取り」「温活」でした。平熱が35度台だったので、とにかく体を温めようと、食べ物を変えたり、半身浴をしたり、運動をしたり、使い捨てカイロを貼りまくったり……。

やればやっただけの効果はあるので、体温は上がります。ただ、途中で「○○しなければ、体が温まらない」という負のループにひっかかりました。やめた途端に冷えてしまうので、やめられない。

だけどね、「○○しなければ、体が温まらない」というのは、カルマ粒が思考に投影されている状態なので、その固定観念に気づけた時点で自由に書き換えが可能なのです。私が書き換えたのは、「なんにもしなくても体は温かいし、冷えたら男（誰か）に温めてもらえる」でした。それは、すぐ冷えてしまう自分に対する大きな許しでもありました。

今の私は、ひとりエッチも、おまた温活もほとんどしていません。チョコレートやポテチを食べ、運動を一切せず、冷えたときは岡田に温めてもらうし、ニコチン中毒なのに好きなように生きているから、ただ今平熱は、念願の36・8度です。

なぜそうなのかといえば、本気で「自由に生きたい」と願ったからです。中途半端に幸せを願うのであれば、なかなかうまくいかず四苦八苦するでしょう。

きっかけは、食べ物を変えたり、半身浴をしたり、運動をしたり、使い捨てカイロを貼ったりでいいのです。ただ、これらで子宮を温めることはプロセスにしかすぎませんので、こだわりすぎてはいけません。

生殖器の温活を始めると必ずカルマ粒が浮上してくるので、それをちゃんと吐き出すこと。これが一番難しいけれど、できないとまた我慢が逆流してしまいます。腹黒い自分を認めて、ちゃんと思いを外に出していると、詰まりが取れてくるので、子宮が活性化されて、あとはとくに何もしなくても温まってくると思います。

心の風通しがよくなると、直感やひらめきが確実なものとなり、これまで詰め込んできた知識が自分の可能性のために働いてくれるようにもなります。

このプロセスは、少しずつしか進みません。でも、少しずつラクになっていく過程に自分の新たな発見があって楽しいものです。何よりも自分自身に起こる「幸せ」に対して納得できます。

これらのことを頭に入れたうえで、ぜひ次に紹介する、膣マッサージやひとりエッチ、セックス、おまた温活をしてみてください。

気がつけば、本当に願えば叶う幸運体質になっているはずです。

1＊ 膣マッサージで、膣内のコリをほぐす

私が毎日お風呂でかかさずやっていたこと、それが膣マッサージです。膣マッサージとはオナニーとは別に、コリをほぐすように膣を内側からマッサージすること。膣に指を入れて、内側の構造を確認しながら、揉《も》みほぐしていきます。

膣マッサージをする目的はふたつ。ひとつは、膣のなかに指を入れて触れることで、自分では見えない膣のなかを知っているという安心感を生むためです。

セックスのとき、自分が知らないものを相手に見せるって、怖くないですか？というか、それって自分にも相手にも失礼なことじゃないですか？

生殖器には未知に対することへの不安や恐怖もためこまれているので、「嫌われたらどうしよう」という思いに発展し、「気持ちいいフリをしなきゃ」「イッたふりをしなきゃ」って、体が勝手に反応してしまうんです。

そういうことをなくして、安心して相手に体を明け渡すためにも、膣に指を入れ

て触れるってことはものすごく大事です。

ふたつめの目的は、膣のコリをほぐすこと。膣に指を入れると、コッている部分がよくわかります。セックスのとき、オチンチンが入るので膣は上下には伸びますが、横にはあまり伸びないので、横に広げるようにコッているところをマッサージしてみてください。すると不思議なことに、顔の表情も思考も柔らかくなります。性器と顔の筋肉って連動しているので、膣を揉みほぐすことでうれしい効果も出るのです！

もし、どうしても膣に指を入れるのに抵抗があるという人は、口のなかをマッサージしてみてください。口を膣だと思いながら、両手の親指で唇を押し広げるように唇の内側と歯茎の間に指をつっこんで、丁寧にマッサージするんです。

先日、口腔《こうくう》マッサージをしたら、半日後に「あれ？　生理？」って思うくらい、ドロッとした粘液が膣から出てきました。

私は、顔は性器だと思っています。口は膣の入り口で、口腔内が膣のなか、眉間の奥あたりにある内分泌器の松果体が子宮で、目が卵巣。

口腔内って粘膜ですよね。人間の体でじかに粘膜を触れる部分って、膣と口のなかくらいしかありません。粘膜の下って血液とかが流れていて、皮膚よりも体の内側の部分です。より自分に近い粘膜を指で触れるというのは、自分の体の内側とお話しすることです。だから、口腔内マッサージでも、子宮の気持ちを受け取ることができるんです。

口のなかをマッサージしながら膣の気持ちになると、「もっと優しく触ってよ」「もっと奥まで触って」など、いろいろな声が聴こえるかもしれません。何かを感じたら、それが膣の声だと思いながら、マッサージをしてください。

口のなかのマッサージが習慣になると、そのうち膣にも指を入れられるようになると思います。

2＊ 自分を満たすひとりエッチをする

セックスパートナーがいる人もいない人も、ひとりエッチはとっても重要。ひとりエッチで感じる小さな単位でのオーガズムが、人生規模の大きなオーガズムにつながるからです。

ひとりエッチをするときに私がしていたことは、トラウマになるくらいイヤだった過去の出来事（たとえば、レイプされたとか、無理やりセックスを強要されたとか、二股をかけられていたとか）を思い出して、当時の情けなくてカッコ悪くて弱い自分を丸ごと抱きながら、「守ってあげられなくてごめん。もう一人にしないからね」って思いで自分の体をなでながらオーガズムを迎えること。

トラウマ級の出来事が見つからない人は、落ち込むことがあった日に、ひとりエッチをしましょう。すると、ゆっくりゆっくりだけど、宇宙（子宮）もそんなふうに自分を温かく抱きしめてくれていると感じられるようになり、どんどん自分のことが好きになっていけるんです。また、「こんなふうに愛してもらいたい」と思いながら自分を抱いて、オーガズムを迎えるのもおすすめ。イメージ通りに自分を愛してくれる人と出会えるようになりますよ。

結局、世界は自分が創っているのだから、「自分を愛する以上に人を愛せないし、人からの愛もわからない」。これが答えなんですね。

3＊ 膣呼吸でおなかから声を出す

腹式呼吸と同時に、膣からも呼吸をするイメージを持ちましょう。息を吸うときに膣に意識をおいて、膣からも息を吸って、吐いてを繰り返すと、第一、第二チャクラが安定します。

その状態でおなかから「あ〜」って声を出すと、感情解放と同じ効果があるので、カルマ粒の浄化につながります。

セックスの最中に感じているときも、おなかから声を出してみるといいですよ。ソープで働いていたとき、これを実践していたら、お客さんから「なんか動物みたいだね」って言われたことがありました（笑）。

セックスのときに、女の子はかわいいあえぎ声を出したほうがいいっていうのも固定観念ですからね。おなかから猛獣のような声を出して、その思い込みも打ち破る。するとオーガズムと一緒に感情もデトックスされて、気持ちよくなります。

4＊ セックスにひとりエッチを持ち込む

女性器を活性化させるセックスとは、自分のひとりエッチを手伝ってもらうようなセックスです。

女性が自分を満たさなければ、相手を満たすことはできないことは、何度も繰り返してきた通りですが、セックスにも自分を満たすひとりエッチを持ち込むことで、「女性は自分に尽くすと相手が幸せになり、男性は相手に尽くすと自分が幸せになる」という循環が肌でわかるようになるのです。

でも実際はというと、ほとんどの女性は、男性を精神的にも立てなきゃと考え、セックスのときにイッたふりをしてしまうのが現実。

男性が幸せになるためには、女性に尽くして、女性のために役立つようになることですから、そのためには、女性自身が「ここをこうしてほしい」と自分の気持ちいい場所を知る必要がありますよね。だから、膣に指を入れてしっかり観察する膣マッサージやひとりエッチが重要になるのです。

第3章でも話しましたが、私はひとりエッチではクリトリスの刺激でイケるけれど、セックスではイケませんでした。というのもアダルトビデオの世界に囚《とら》われていたからです。アダルトビデオって、いろいろな体位をしても、最後は正常位でイクのが定番。だから、イクときは正常位って思い込んでいたんです。

でも、それではイケない。私がひとりエッチでイクときは足をピンと伸ばします。だったら、足を伸ばしたままイキそうなときに男の人に上にのっかって挿入してもらったらどうだろうと、風俗嬢7年目にして思えました。実際試してみると、オチンチンがクリトリスの根本に当たるのでクリトリスを刺激することにもなるし、同時に膣のなかにも挿入されているのでイケるんです。

セックスにひとりエッチを持ち込むということは、お客さんと共同作業をすることでもあるので、体位はどうであれ、すごく喜ばれました！　それに、人とは違う自分だけのセックスが確立されたようで、とてもうれしかったのを覚えています。

ちなみに、今は自分のペースで、アダルトビデオのような開脚オーガズムを目指しています♪

セックスって、相手のためにあるんじゃない。まずは、自分の気持ちよさを追求するってことが優先されて、初めて相手のためにもなるんです。そのために私は、セックスにひとりエッチを持ち込んだわけだけど、ひとりエッチ以外でも自分の気持ちよさを感じられるものがあれば、それを持ち込んでかまいません。

5＊ おまたカイロで膣を潤わせる

膣マッサージやひとりエッチ、セックスで、実際に膣に触れて動かして温めるのは基本ですが、おまたから温めるのも心地いいものです。

私がお気に入りだったのは、おまたカイロ。ミニサイズの貼るカイロを、パンツの上からおまたに当てて貼るだけです。ただし、低温やけどを避けるため、毛糸のパンツなど補助パンツの上から、もしくは、布ナプキンの裏に貼ってくださいね。

このおまたカイロをしてみると、膣から粘液がどば〜っと出てきて、自浄作用が働き、ものすごく潤います。さらに、便秘まで解消！

パンツが濡れるってことは、子宮が喜んでいる証拠です。リーズナブルにできるので、ぜひ試してみてください。

6＊布ナプキンで、自分のなかの自然を取り戻す

生理中の布ナプキンもおまた温活のひとつ。月経は体が排毒する自然の機能ですから、肌触りのいいものを選びたいですね。

とはいえ、通勤通学で生理中に布ナプキンを使うのは漏れが心配という人も多いので、その場合は、ライフスタイルに合わせて併用してもらえたらと思います。

私は布ナプキンに変えてからおまたの心地が格段によくなり、幸福感でいっぱいになりました。以前はオーガニックが好きで、いろいろ勉強したけれど、いつの間にか外から入るオーガニックの情報にばかり夢中になって、「自分のなかの自然」を忘れていたことがあります。

布ナプキンは、毎月、子宮が流した経血を見て洗い、子宮を大切にする意識が向

くので、自分のなかの自然を取り戻すことができるツールのひとつだと思います。

ほかには、「月経血コントロール」といって月経血をトイレで出し、ナプキンすら使わない方もいらっしゃいます。すごいですよね！

私もチャレンジしてみたら、最初は思うようにできませんでしたが、経血を漏らしてしまう自分を許していたら、不思議と月経血コントロールができるようになりました。今はやったりやらなかったりと、自分の気分やリズムに委ねています。

7＊しめつけない下着で血流促進

私が愛用しているもののひとつに、しめつけない下着があります。最近は「ふんパン」（ふんどしパンツ）などの人気もじわじわと出ていますが、このしめつけない下着を推奨する理由は、子宮メソッドでいう「脈」を育むためです。

子宮を活性化すると、骨盤内の血流が促され、それは人脈、金脈、情報脈につながると説明しました。ところが、強いゴムや矯正《きょうせい》下着などでおまた周りを圧迫すると、せっかく発達した脈たちが枯れてしまうのです。何気ない下着で脈を枯らしてしまうって、本当にもったいないことだと思います。

夜だけノーパンって方もいらしゃいますが、私は昼間こそしめつけないパンツをはいてほしいと思います。なんなら、Tバックでもいいくらい。Tバックは肌に触れる部分が少ないので、実は健康的な下着なんですよ。


ちなみに、私は普段ブラジャーもつけません。この前、撮影の仕事でしかたなくブラジャーをつけました。すると、頭とみぞおちがギューっとしめつけられて気分が悪くなったので、慌ててブラジャーを外したら、元に戻ったことがありました。

普段、一般的なパンツやブラジャーに慣れていると、きつさを感じませんが、実は、体をしめつけていて、よくない影響を与えているんだな〜ってことを実感。

しめつけない下着で、脈を育ててください！　最近は機能だけでなく、かわいいデザインのふんどし系下着がたくさん出ていますよ。

8＊よもぎ蒸し&半身浴で、下半身を温める

サロンでよもぎ蒸しをしてもらったり、温泉に行って半身浴をしたりして、下半身から温めることをしています。

自分でできること以外にも、場所を変えて体のメンテナンスをしてもらったり、旅行気分で温泉で体を休めることで、リラクゼーションにもなりますよね。

ときには、自分へのご褒美《ほうび》を用意してあげることで、子宮も喜びます。

9＊ 睡眠を十分にとる

子宮を活性化させるために、ひそかに、ひとりエッチやセックス、おまたの温活よりも大切だと思っているのが、寝ることです。

人生うまくいかないな〜と思っている人は、とにかく寝てください。やることをやらないで寝てしまったり、昼寝をしたりすると、自分のことをダメ人間だと責めたり、時間がもったいないと焦ったりする人がいますが、本当は、体を休めて元気になると、1秒1秒が充実する日しかこなくなって、焦りがなくなります。

睡眠時間を削ってまでもやらなきゃいけないことをやっていると、カルマ粒はたまります。だって、体の欲求を無視したことになるから。

欲のなかでも、「睡眠欲」「食欲」「性欲」という3大欲求を我慢するのが、一番よくありません。これらは第一チャクラにつながっている欲なので、満たしておかないと自分軸がぶれてしまうのです。

反対に、この3大欲求を満たしてさえいれば、体はいつも元気。とくに何もしなくても子宮が元気な人は、ここが整っているのかもしれませんね。

10＊子宮との対話で仲直りをする

子宮とは、自分のなかの臓器だけど、まるで人格を持ったような臓器です。そして、いつだって、持ち主さんであるあなたに恋しています。

それなのに、これまでずっと子宮と向き合ってこなかったとしたら、あなたの現実はつらいものになっているはず。たとえば、パートナーに浮気される、誰かに否定される、仕事で上司からいじめに遭う……など。

これは、あなたが今まで外側の世界ばかりを見て、子宮を見てこなかったから、あなたが子宮にしたことが現実になっているだけなんですよ。

なので、そのような現実に気づいたら、これまで無視し続けてきた子宮と対話をして仲直りをしてください。

どうやって仲直りするかというと、子宮にまずは、「ごめんなさい」と謝る。そして「ありがとう」と感謝の言葉をかけてあげます。

だって、これまで24時間フルタイムで、子宮は持ち主さんのことを一途に愛してきたのです。なのに、持ち主さんは、子宮の愛に全然気づいていなかった……。持ち主さんが気づいたときには、子宮はめちゃくちゃ怒っているかすねていますので、仲直りするにはだいぶ時間がかかります。

いきなり許してはくれませんが、下腹に手を当てて子宮に意識をおきながら、子宮と対話をしてくださいね。

「今まで気づいてあげられなくて、ごめんね。ずっと私にサインを送っていたんだね。こんな私を許してね。ずっと一緒にいてくれてありがとう。もうあなたを一人ぼっちにしないし、あなたから離れないよ」

こんなふうに、あなた自身である子宮と仲直りをするのです。子宮の気持ちになるということは、本当の自分の気持ちに気づくということ。あなたの人生は、もう好転するしかありません。

ちなみに、子宮を無視し続けると、自分か周りの命にかかわります。私の場合は、前にも言った通り、子宮頸がんになったり、鬱になって「死にたい」と思ったり、事実婚関係にあったパートナーが交通事故に遭い半身不随になったり、同乗していた子どもが亡くなったり……という出来事が起きました。

今ではわかります。全部、子宮を無視し続けてきたからだということ。子宮に優しくすれば、確実に現実は優しいものに変わります。

今、現実に不満があるという方は、子宮のケアが足りてない証拠だと思って、しっかり対話を始めましょう。

11＊本当にほしいものを、いちいち子宮に確認する

私たちは、日常生活のなかで自分の気持ちを確認せずに、無意識に過ごしてしまっていることだらけです。

子宮は超絶自由な存在。自由でいなければいけないのに、我慢するから病気になる……ってことは、我慢してはいけないってことなんです。現実的にヤダなって思ったことを我慢したり、自分がしたい欲求を押さえたりしないこと。まずはここが基本です。

とにかく常識や思い込みだらけの世のなかなので、その常識のほうが間違っているということをひとつひとつ検証していく作業をしないと、自分が何を望んでいるのかに気づけなくなります。

そこで、まず実践してほしいのが、買い物で商品をカゴに入れる前に、子宮に意識をおき、「本当にほしいかどうか」の反応を子宮にうかがってみること。

たとえば、ドラッグストアで3個200円の石鹼と、1個500円の無添加でバラの香りのする石鹼があったとします。たいていはお得だからという理由で、3個で200円の石鹼を買ってしまいがち。そういうときは、思考が働いて「安いからこっちにしよう」と無意識に判断しているときです。

「本当にほしいから」という理由ではなく「安いから」という理由で買おうとしている自分に気づいたら、「今、子宮の声を退けてしまっているな」と考え、500円のほうの石鹼を選びましょう。単に、「高価だから」という理由で選ぶのもナシです。ちゃんと物を見て子宮を感じてみてね！

なぜ、私たちは安いほうを選ぶかというと、「無駄遣いはよくない」という固定観念があるから。「節約できる私って立派！」と思っているので、思い込みに囚われていることに気づけないとなかなか改善しません。

ほしいものを手にしたときは、じわ～と温かいうれしい気持ちになるはずです。そういう小さな感覚に敏感になってみてください。

小さなことだけど、買い物のときは子宮の声を聴くチャンス、そうとらえて自分の欲求に従った買い物をすることを心がけてください。

「私って、本当はこっちがよかったんだぁ～」って意外な買い物ができたりして、病みつきになりますよ。

12＊食べる前に、本当に食べたいかを考える

食べるという行為は、毎日当然のようにおこなわれます。そのため、出されたものを無意識に口に運んでしまうことになりがち。

そこで、買い物と同様「食べたいものだけを食べる」ことを徹底します。たとえば、外でお弁当を出された場合、白米が好きなのに、副菜も食べたほうが体にいいからといって、しかたなく全部食べたりしていませんか？

以前の私は、副菜も食べて「栄養のバランスをとらないと病気になる」って思ってました。だから、好きなものだけを食べて、食べたくない副菜を残すことに罪悪感があったのですが、ここも努力。少しずつだけど、食べたいものだけを食べて、

あとは残す、ということをやっていきました。
「食べ物を残してはいけない」という教えも子どものころから叩き込まれているので、最初は残すことが罪悪感でいっぱいだったけれど、本当に食べたいものだけを食べると1回の食事の満足感が全然違うことに気づいたんです。

今では1日1食、夕方前に食べるくらいです。決してダイエットをしているわけではなく、ちょうどそのころおなかがすくからです。昼前に起きる私は昼ごはんの時間は起きたばかりでおなかが減りません。夕方くらいにおなかがすいてきて食べると、夜もおなかがすかないので食べません。
食べたいときに食べるようになって思ったけれど、1日3食食べるというのも、思い込み。朝だから朝食を食べなきゃいけないとかって、本当はないんです。

ほかにも、友だちに飲みに誘われたとき惰性《だせい》で行くのではなく、「今日は疲れているから行かない」って自分の体を優先する、休日予定もない手帳を埋めるために友だちと約束を取りつけるのではなく、本当にやりたいことを見つけて打ち込む。

こんなふうに自分の思いにどこまでも耳を傾けていく練習をすると、子宮の声が聴こえるようになるし、自分の思いを満たしてあげたいと思えるようになります。

体を温めるという点について、もうひとつつけ加えると、冷え症の人って、自分の欲を満たさない人が多いんです。だから、ちゃんと自分の欲を1個1個満たしていくことが大事。

カップラーメンを食べたかったら食べる、チョコレートを食べたかったら食べる。こうして、自分の欲をちゃんと満たしていくと、最終的に自分の体にとってバランスのとれた食事になっていくんです。

炭水化物、タンパク質、ビタミンをバランスよく摂りましょう、などというマニュアルを信じていると頭でいろいろ考えて摂取することになるので、我慢も多い。すると、いつかバランスを崩して、体調が悪くなったりするんです。

食べたいものを食べて、好きなことをして、自分の欲を満たしていれば、冷え症になんてなりません。自分の体は何を欲しているのか、その声にちゃんと耳を傾けてみてください。

13＊機嫌はホルモンの波に委ねる

子宮と対話をしていくと、日によって子宮のご機嫌が変わることに気づくと思います。何が子宮のご機嫌を決めているのかというと、その正体はエストロゲンとプロゲステロンという、ふたつの女性ホルモン。

どちらも、妊娠や月経にかかわる大切なホルモンで、約28日の月経周期で分泌量が増えたり減ったりしています。次ページにあるように、月経周期のワンサイクルでこんなにも揺れています。

現代の忙しい女性は、この揺れを感じずに日々を過ごしがちだけれど、ホルモンの増減は感情の揺れや体調の揺れとなって現れることが多く、本当はホルモンの量に従って毎日違う性格のあなたが現れているんですよ。

「今日は生理前だから、なんかイライラする！」って人は、けっこういますよね。それは、子宮の機嫌です。子宮の機嫌は持ち主を丸ごと包み込んでしまいます。だから、イライラするときは「子宮の機嫌が悪いんだ」って思うとラクになりますよ。

「女性ホルモン」と「子宮のご機嫌」の関係

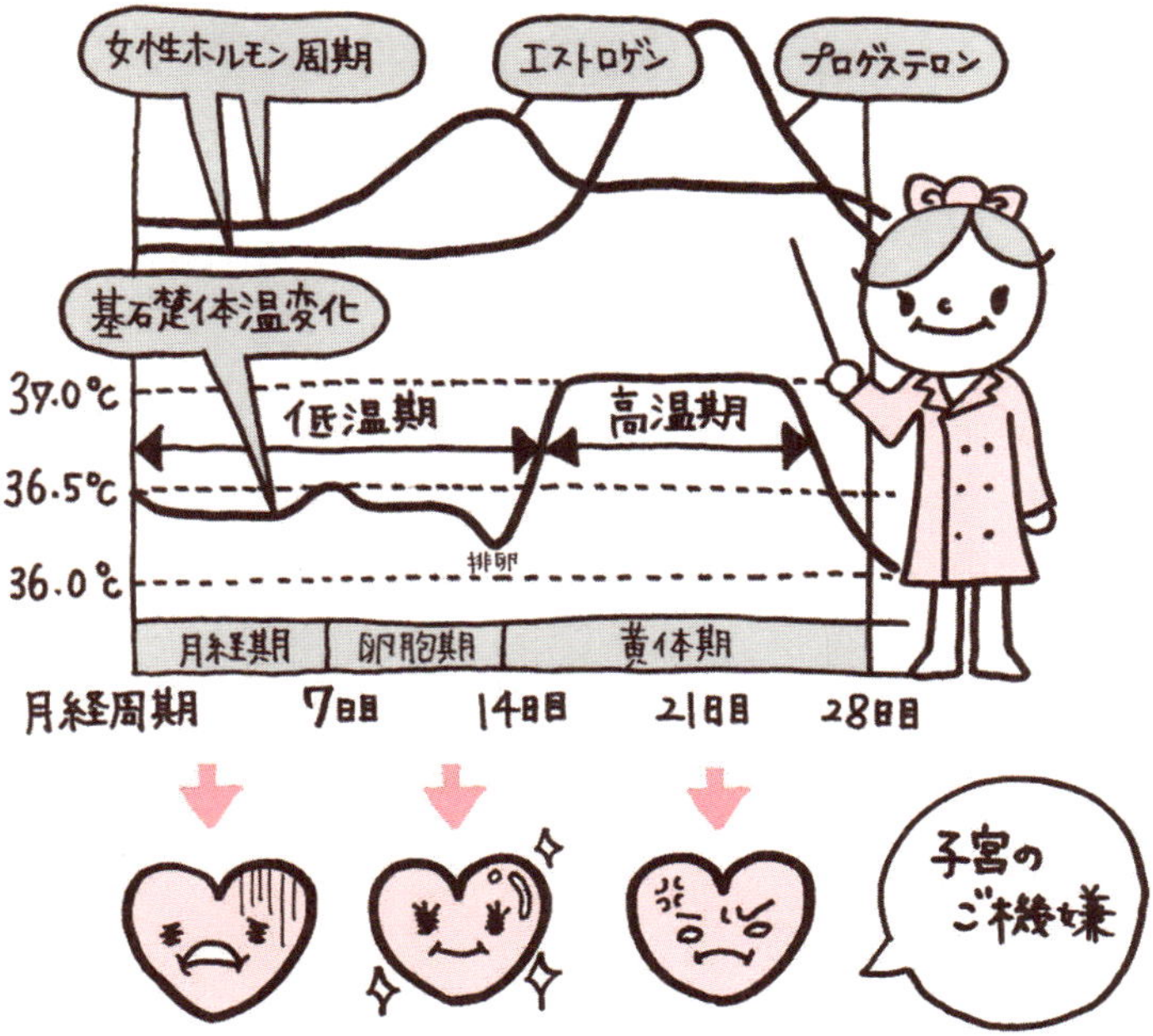

それでも、どうしても不機嫌でしかたないってときは、おとなしくホルモンの波に乗って、子宮の機嫌が直るまで待っててくださいね。

女性はね、基本的に多重人格です。ホルモンの波がない男性とはまったく別の生き物。女性ならではの波をわかっていないと、自分が多重人格であることや、体調不良であることなどが悩みになってしまいます。

ところが、「今、ホルモンの波に乗っているんだ」ってことが当たり前になると、機嫌が悪い自分が出てきたとしても、ホルモンの波に委ねることができるので、悩みにはなりません。

ちゃんと波に乗れると、「私」という軸がブレずにいられるようになり、機嫌の悪いときでさえ、波に乗れている自分が楽しくなってきます。

こうなってきたら子宮の声に従って生きているということ。脈もどんどん育ち、願ったことはなんでも現実になるという信じられないような世界が待っています。

14＊月経と向き合う

ホルモンの波に乗って自分に貪欲《どんよく》になることがいいとわかっていても、自分の感情や直感を優先したら自己中心になるのではないかとか、周りに迷惑をかけるのではないかという思いが先に立って、なかなか実践できない人も多いと思います。

本当はその奥にあるのは「嫌われたくない」「愛されたい」だったりするけれど、長年自分よりも他人優先で生きてきていると、そう簡単に気持ちを切り替えられなくて、当然です。

月経中か否かは関係なく、寂しいとき、悲しいとき、つらいとき、そんな気持ちのときは、まず28日サイクルの「月を感じる」ことから始めてみてください。

連日の月の満ち欠けを見ながら、自分の心の浮き沈みを観察してみると、月の満ち欠けは自分の感情の浮き沈みとリンクしていることが感じられますよ。

そこで大切なことは、感情の浮き沈みは、大自然の影響なのだと体の底から理解することです。

感情はただのエネルギーです。なのに、それを脳に投影して問題や悩みを捏造《ねつぞう》し、深く思い悩んでいるのが現実。悩みたければ悩めばいいけれど、あなたの大事な体力をそこに使うのは命の無駄遣い。躍動感あふれる人生を過ごし、前進するためには必要のないことです。

なので、大自然とつながっていることを感じやすい月経のときはとくに、感情は体で感じて、頭はからっぽを目指してみてくださいね。

感情を体で感じて頭をからっぽにするとは、たとえば怒りが湧いたときに、ああでもない、こうでもないと湧いてきた思考で怒りを静めようとせず、体でふつふつと感じる怒りの感情をそのまま感じることです。すると思考が止まり、体は純粋な怒りで満たされます。これが、感情を体に委ねて頭をからっぽにするということ。「怒っちゃいけない」など、思考で怒りを静めようとすると、感情にフタをすることになり、カルマ粒をためることになってしまうので、気をつけて。

こんな話をすると、それができなかったときに自分を責める方もいますが、そのときも責める思考をやめて、なんだかわからないモヤモヤした感情で体を満たし、それが抜けるまで待ちましょう。感情が湧いたときに、この対応を心がけると、ホルモンが整い、月経不順も改善されていきます。

このように、女性の体はもともと月と連動しているので、今私たちが普通に使っている土日休みのカレンダーは、女性の体には不向きです。

今では月の満ち欠けが記載されているカレンダーもあるので、うっすらとではありますが、女性の体に優しい社会になってきたのではないでしょうか。

そもそも社会は「女性の体（子宮）」には、優しいものなのです。自分にしたことがそのまま返ってくる世界ですから、自分の体や心を労《いた》われる女性は、自分を愛したことになるので、社会にも愛されます。

もう一方で、社会は「女性」には優しくありません。男性に負けじと肩肘張って、女の権利を手に入れようとすればするほど、子宮の声を無視したことになるのでつらい現実が返ってくるのです。

このように、子宮にしたことは宇宙から返ってくるという〝子宮宇宙の自愛法則〟が働きます。そのため、いつまでも子宮との向き合い方がわからないでいると、社会から雑に扱われます。

ですから、その法則を知るきっかけとして、月経中はとくに十分な休みをとるよう、心がけてみてください。だって、月経に不調があるような生き方が女性の体にとって正解なわけがありません。

「月経だから」を遠慮なく言いわけに、自分を甘やかし周囲に頼ることが、お姫様のような生き方にシフトしていく初歩。

そして、「嫌われたくない」「愛されたい」というのは子宮が発する声なのですよ。どうぞ存分に愛して応えてあげてください。自分の子宮を守れるのは自分だけです。それがのちに、周囲に守ってもらえるあなたになるのです。

15＊ 月経血で自分の状態を知る

あなたは、毎月の月経血の状態や色を観察していますか？

私は、月経血は「魂の涙」だと思っています。経血の量や色によって、もっと休んだほうがいいとか、我慢がたまっているってことを教えてくれて、持ち主さんの代わりに、魂が涙を流してくれてるって感じるからです。

月経血が赤黒く、塊のようにドロッと出るときは、子宮は「休みたい」と言っているときです。なのに、子宮からのそのメッセージを無視して、薬を飲んでまでムチ打って働いてしまうのであれば、「苦労しないと幸せになってはいけない」という観念が働いている証拠です。

あと、「甘いものを食べ過ぎると血液がドロドロになる」ってよく聞きますが、それも思い込みです。私は「だったら、甘いものを食べ過ぎても血液がドロドロにならない生き方を探そう」と実験した結果、布ナプキンについた月経血がお湯だけで全部落ちてしまうほど、サラサラになりました。つまり、食べ物と月経血は関係ない。食べ物のせいにして、本当の自分と向き合わないほうが問題ってことです。

体の状況を無視して現状の生活を維持するためだけにがんばっても、体は壊すし、稼ぎも少なくなって、いいことはありません。膣や子宮に不満を抱かせるということは、脈を枯らし、健康や経済状況も悪化させることを忘れてはいけません。

月経中は、自分の今の状態を知るいい機会。月経血を見て、自分を振り返る物差しにしてくださいね。

16＊妊娠中は、腹黒い自分をパートナーに表現する

女性はホルモンの波に乗って、揺れる生き物であることは話した通りです。ところがです。月経中の感情の揺さぶりなんてものは比にならないくらい揺さぶられる時期があります。

それは、妊娠中。この時期って、やけに周囲にイライラします。体力的にも精神的にもしんどいのに、パートナーはそんな自分を気にもかけてくれない、家事をやらなければならない、がんばらなきゃいけない……。こうして我慢してしまうと、いつも以上に子宮に恨みつらみがたまります。

さて、妊娠中の子宮はどうなっていくかというと、妊娠した瞬間から胎児が育つにつれて、生殖器の周りの毛細血管が子宮を1周するようにどんどん実ってきます。血管が発達して血流も促され子宮も温かくなり、カルマ粒が押し出されていく感じです（188ページ）。とくに子宮に意識を向けていなくても、カルマ粒はどんど

ん浮上してきます。

だから、妊娠中は、体に染みついた本来不要な固定観念や信念、世間体、思い込みというものが妊娠以前よりもくっきりわかります。それを手放すためにも「腹黒い自分」をパートナーに表現したほうがいいのです。

我慢ばかりしてきた人は、こまめに感情を出して暴れること。文句ばかり言ってきた人は、湧き出てきた感情を感じて表現してみること。

こうして妊娠中に「感情を感じる」ことを徹底していると、「自分自神」の極みまでたどり着くことができるのです。

ところが、我慢ばかりしていると、せっかく浮上してきた大量のカルマ粒は再び逆流。本来ならば、妊娠を理由に「お姫様」のように女帝気取りも許される時期なのに、それをしなかったために、今度は生まれた子どもがそのお母さんのカルマ粒の引き出し役を買って出てくれるようになります。

たとえば、よく泣く子だったり、言うことを聞かない子だったり、病気がちな子だったりして、お母さんの不安や焦りといった感情を大いに揺さぶる子になります。

手がかかる子を持つお母さんは、子どもをなんとかして正そうとしますが、本当は「あなたの自由のために」子どもが悪役を買ってくれているってことです。

ちなみに、妊娠中、感情の揺れに委ねていると、大きなハッピー現象に恵まれますよ。私の場合は、父親不明の妊娠をしたにもかかわらず、子どもとは関係のない男性と妊娠中に結婚し、その男性が、望んでいたような理想の人だったこと。

さらには、出産して動けなくなったときにお金がじゃんじゃん舞い込みました。これは、子宮周りに張り巡らされた、人脈、金脈、情報脈がものすごく発達し、意識的にカルマ粒をデトックスしたからです。

私はとにかく怠け者になりました。今までの私だったら、妊婦さんだからといって動かないことが申し訳なくて、ついつい動いていたと思うけれど、あえて何にもしない怠け者になったんです。そうしたら、このハッピー現象が起こったというわけです。クライアントからも、「いつも自分で動いてしまうのに子宮の声に従ってがんばって怠け者になってみたら、宝くじが当たりました！」という声をいただきました。

不要な信念や思い込みを破るって、勇気がいるけれど、効果は絶大です。

17＊ 更年期は、感情を出して暴れる

妊娠中に起こる現象は、閉経していく更年期でも起こります。更年期のときの子宮というのは、次ページの図のように、ギュッとしぼられるイメージです。そのため、子宮周りのカルマ粒がしぼり出され浮上してくるのです。

だから、妊娠中と同様、感情がものすごく揺さぶられます。イライラしたと思ったら、涙もろくなったり、短気になったり……。

これは、カルマ粒が出ている証拠なので決して押し殺さないこと。しっかり感情を感じて、デトックスしましょう。生殖器は閉経に関係なく、いつでもカルマ粒を浄化しようとがんばってくれている浄化装置のようなものなんですよ。

また、「閉経したら女が終わったってこと？」という質問をよく受けますが、とんでもない！　「閉経してからが、ほんまもんの女の始まり」です。

私にとっては「妊娠する体」は常に恐怖と隣り合わせです。彼氏ができては避妊して、風俗で働いてからはさらに神経質になるほど避妊して、産後も妊娠の恐怖に

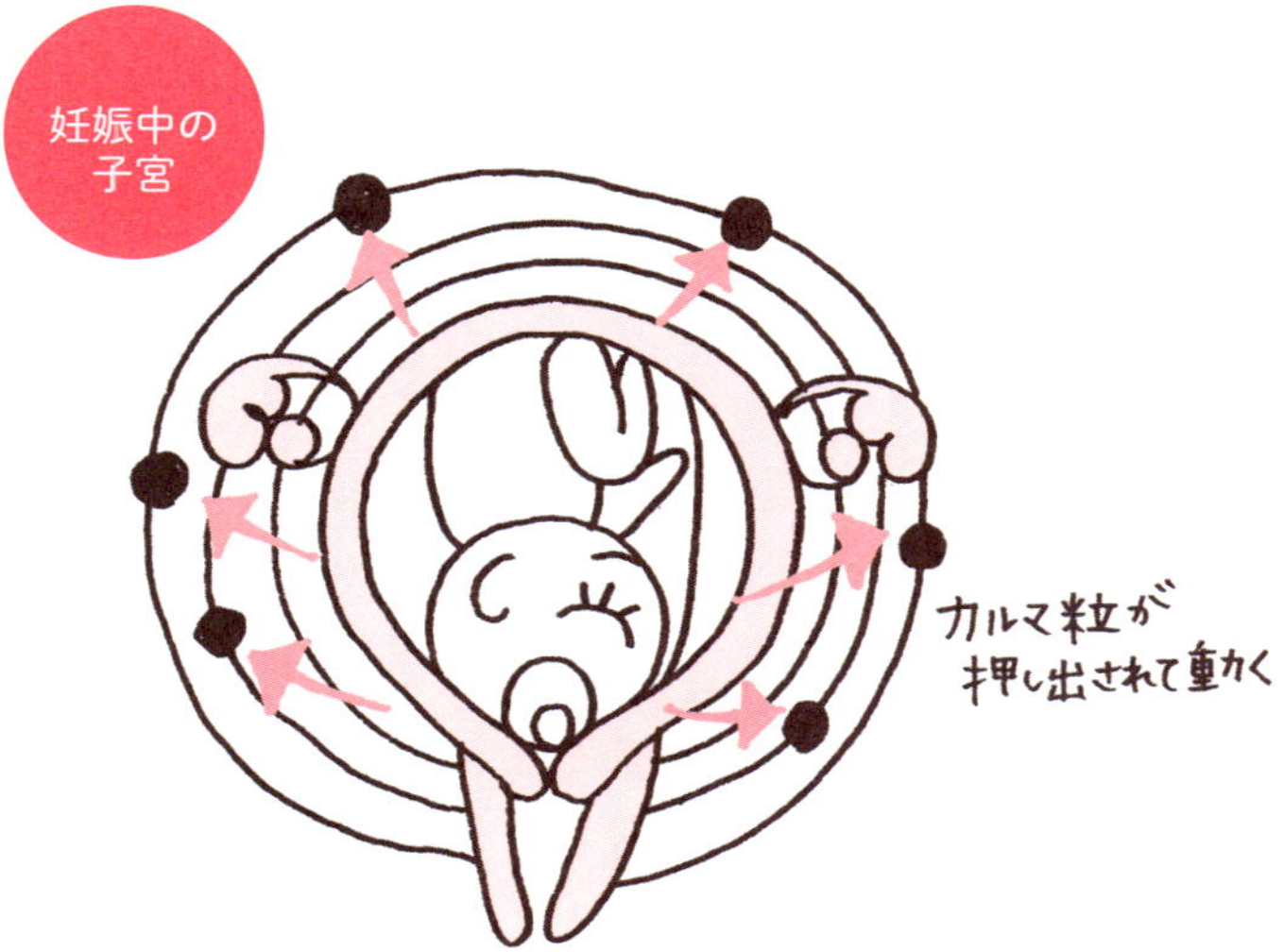
妊娠中の子宮
カルマ粒が
押し出されて動く

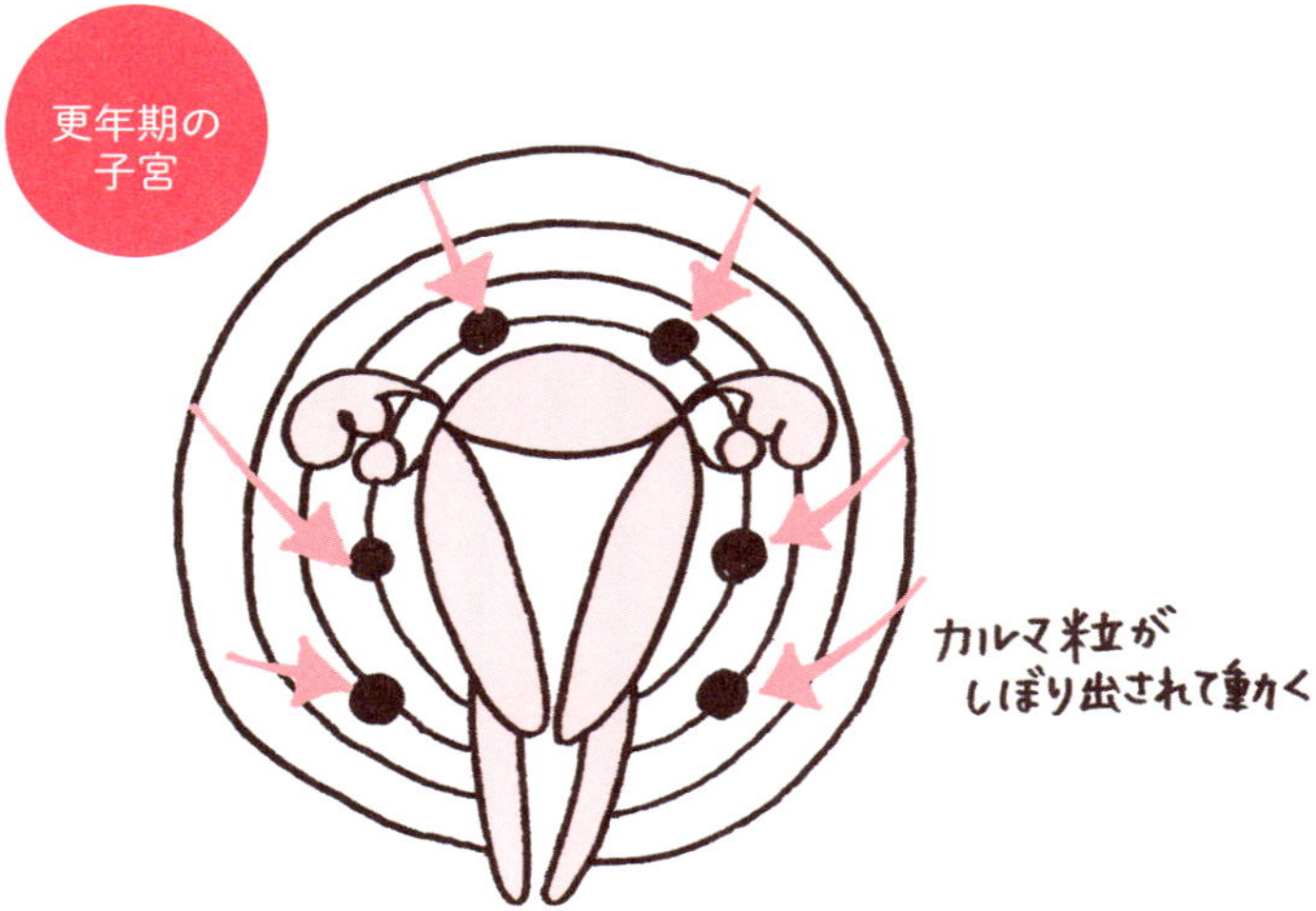
更年期の子宮
カルマ粒が
しぼり出されて動く

怯え……。だから、本当は避妊なんて関係なく、思い切りセックスできたらいいなって思うんです。

もちろん、不妊で悩んでいる方は、「妊娠したい」という思いがあるでしょう。

でも、それも繁殖期ならではのこと。妊娠する可能性があるから「妊娠できない」ことに悩むんですよ。

でも、閉経すれば、ただメスでいればいい。妊娠もしなければ月経もないので、不安がなくなり、生殖器も柔らかさを増していきます。なかには、病気を患《わずら》い子宮を全摘したという方もいらっしゃいますが、膣があれば十分。いつだって自分のなかの女を思い出すことができますよ。

生理があがったら女が終わるっていうフレーズは、私たちに深く染みついた固定観念。そんなことは決してない！　妊娠の可能性を心配せず、思う存分セックスを楽しみ尽くせる。むしろ、女の始まりって感じです。

だから、「もう閉経したし、生殖器には無頓着《むとんちゃく》」っていうのはもったいない。とにかく私は閉経後が楽しみすぎます♪

子宮メソッドQ＆A

Uterine Method ④

Q 私は性欲が強いほうなのですが、パートナーは草食男子で、ほとんどセックスをしていません。パートナー以外の人で満たそうとも思うのですが、その勇気もなく、一人で悶々《もんもん》と悩んでいます。（29歳・営業）

A 本音を言えない欲求不満は パートナーを草食化させる

言いたいことを言えずにいると、性欲が強くなる傾向にあります。性欲は生きる欲求でもあるので、「言いたい！伝えたい！」という欲求が性欲に表れやすいのです。そんな欲求不満の体を通した視界は、パートナーを"草食男子"に見せるでしょう。

欲求に応えてくれないのはパートナーではなく、自分自身です。相手を変えるためにではなく、あくまで自分のために、今のパートナーに自分の気持ちを伝えてみましょう。それでも何も変わらなければ、ほかの誰かと満たすことでわかる何かがあるのかもしれません。

セックスで膣や子宮が揉みほぐれると、本音のわかりやすい体になります。他人を通して自分のなかの「本音」を見つけたり、またはそれを伝えるコツを習得し、習慣化したりすることで、恋愛以外の人間関係のコミュニケーションを円滑にすることができます。性や愛は経験してわかることがたくさんありますので、常識や固定観念に囚われているのなら、ちょっとの勇気と、冒険が必要です。

第 5 章

どこまでも
「私」を生きる！

自分を愛するって？

子宮ととことん向き合っていくと、女の本質が見えてきます。子宮はもともと、自分の主張をどんな手を使ってでもわからせようとする「姫気質」。「あんたは、だまって私の言う通りにすればいい！」くらいに思っているのが子宮で、それが女の本質ってことです。

そう考えると、女とはどこまでも自信に満ちあふれていて、自由な存在です。普段から自分の欲求と向き合い、それを叶えてあげるためにあれこれ行動したり表現したりする努力を重ねることで、本当の意味での「聖母」になれるんです。

女性が自分の感情や直感を優先すること、それこそが「自分に対する底知れぬ無償の愛」です。これが、自分を愛するってことです。

子宮にどこまでも忠実になる

子宮に神様が宿っていると信じ、子宮の欲求に従うと決めてから私がやったことといえば、前にも述べたように、寝たいだけ寝て、食べたいときに好きなものを好きなだけ食べて、やりたいことをやりたいときにやって、という具合です。

そんなこと言っても、結婚していたり、子どもがいたりしたら、自分の好きなことばかりしてられない、って言う人もいますよ。でも、私はあえてやったのです。ものすごい勇気が必要でした。でも、どこまでも自分に正直になることを徹底したら、ストレスで円形脱毛症になっていた髪の毛はふさふさと生えてツヤを取り戻し、お肌はぷるぷるになり、顔の皮膚も骨格も引きしまって、風邪もめったにひかない健康体になったんです！

さらに、夫はお金をどんどん稼いでくるし、子どもは健康そのものでいつもニコニコでかわいい。自分が美しく健康になるだけでなく、夫も子どもも最高になる！

こんなにいいこと尽くしなのだから、私のやっていることが間違っているはずがないよね。

自分に貪欲になることに終わりはありません。もう十分好きなことをやっていると思っても、気づかないところで自分に制限をかけているもの。その制限は、貪欲に自由を求めなければわからないことだったりします。だからいつも驚きます。「お！　こんなところに制限をかけていた！」なんてね。

たとえば、成就した恋愛で結婚したらその生活は続けなきゃいけないと無意識に思っていたけれど、その考え方すらも制限がかかっていて、実は壊してもいいということ。そこに気づくと、壊さずとも、ますますラブラブになったりします。

そこから婚外恋愛しようが離婚しようが、自由なのです。そして、制限のないその心は、離婚しようが、再婚しようが、選んだことのすべてを成就させることになるのでしょうね。

お宮である子宮を持ち、女性ホルモンという波を持つ女性に生まれたからこそ、自分を優先してみてください。それが、周りにも愛されて、最高の幸せを引き寄せるということなのですから。

世界は自分が創っている

子宮は現実を生み出す、つまり、今見ている世界は子宮の思いが反映されている世界です。だから、もし、あなたの周りにイヤな人、苦手な人が多いなら、まだまだ本当の自分を生きていないってこと。

子宮と両想いになって、自分を丸ごと愛せるようになると、周りが大好きな人だらけになって、都合のいいことばかりになってくるんです。

私は風俗嬢時代、お客さんがこちらを選ぶ以上、いくら子宮の思いが反映されるとはいっても、そのことに関しては抵抗できないと思っていたんです。

だけど、私はその固定観念を疑ってみました。「世界は自分が創っている」というのなら、「鏡の法則」が本当にあるのなら、自分がどうにかなれば、お客さんを選ばずして、選ぶことができるんじゃないかってね。

そして以前の私は、お金を払ってもらってるから、お客さんの要望の全部に応えなくちゃいけないって思ってました。つまり、来るものを拒んではいけないと。

だけどね、本気で自分の膣と向き合うと、嘘がつけない体になってきたんです。膣って、嘘がたまりやすい場所なんです。嘘がたまるのは体中の全部だけど、膣はね、一番見抜けなくて、放っておかれやすい場所。だって気づきにくいから。


そのころ、私は膣のケアというケアを徹底的にやり始めた時期で、今までついてた嘘が勝手にあぶり出されるから、イヤなものはイヤだと言うようになったのです。自分でもびっくり。もう、自分の体に言わされちゃうんです。

なんでそこに発生する罪悪感に負けなかったかというと、イヤなことをイヤだと表現すると、膣が潤ったから。膣が潤ってるのだから、「イヤなものはイヤ」と伝えることが間違ってるわけがないって思えたんです。

お金を払ってもらっているからといって、お客さんの言うことをなんでも聞いてしまうのは間違ってるのかも、って思ったんです。むしろ膣が潤ってることのほうにお金が払われるべきだって。

さらに嘘をついて膣が枯れてしまうほうが、私の商品価値がないんじゃないのかって。

だからね、いつも自分に正直でいるようにした。何がイヤで何が好きなのかもわからない時期が続いていたこともあったけれど、そのたびに自分と相談しながら、自分に正直でいるようにすることを、ひたすら繰り返していきました。

生意気な女でも膣が潤ってるんだから、お客さんにとってはうれしいこと。それでわかったのだけれど、イヤなことにイヤと言えた自分に自分が惚《ほ》れているから、お客さんにも惚れられるんだと思った。

そしたらね、いつの間にか、風俗という仕事から「イヤ」自体がなくなっていきました。新規のお客さんからですら、私の「イヤ」を要望されることはなくなり、私のしたいことを要望され続ける世界に住めるようになっていったんです。

そして、風俗という地獄にも思えていた業界で、幸福感の海に溺《おぼ》れられるようになりました。だから「誰の子どもを生んでもいい」って思いが体のなかからあふれてきたのです。それは、私のもとにはもう魅力のない男はやってこないって、心底わかったから。私がそうやって自分の意識の奥深くを覗き込むことができるようになったら、どんな男性の本質をも摑《つか》むことができる。もうそれが、私のなかの当たり前になってしまったんですよ。

「すべてのものが愛おしい」

これは私が風俗嬢だったからではなくて、すべての女性のなかに眠ってる娼婦性の才能なのだと思います。

嫌いと言えて、初めて大好きがやってくる

「イヤ」「嫌い」「大嫌い」は、今までそれを言う習慣がなかった人たちにとっては、ものすごく勇気のいることだったりします。だって「イヤ」と言った自分が嫌われるかもしれないという恐怖に苛《さいな》まれますし、そもそも「イヤ」と言っていい権利が自分にあるのかというところまで悩んでしまいます。

それは自分への冒瀆だよ。同時に相手への冒瀆でもあります。

だからね、イヤなものはイヤと伝えるべきなのです。嫌いなものは嫌いと伝えるべきなのです。大嫌いだったら、大嫌いとも伝えるべきなのです。

それらを伝えた瞬間から、「大好き」が込み上げてくるんです。

なんでイヤで、嫌いで、大嫌いなのかを伝えたあとに、こうしてほしい、ああしてほしい、これがいいあれがいい、ってちゃんと指示をすると、ますます「大好き」で満たされる。言った自分が満たされる。だから相手も満たされる。世界は自分の投影だから。

そうしたら、今度は「大好き」の時代の始まりなんだ。もうね、そのころにはイヤも嫌いも大嫌いも、言うのが当たり前になっていて、勇気も覚悟も必要なくなっているはず。むしろそれらを言うのが、面白くなっているはず。自分のことも相手のことも大好きになりたいから言うんです。

だから、大好きだらけのなかで生きていけるんです。あなたのそばの大事な人に、ぜひ言ってあげてね。

生命力を輝かせると、すべてのものから愛される

子宮から生まれてこなかった人なんて誰一人いません。母親の子宮を通してこの世に生まれることは、愛の力によるもの。

愛ってなんなの？と思うかもしれないけれど、それがこの世のどこにも存在していないように見える理由は、紛《まぎ》れもなく「あなた自身が愛」だからです。

生きていくためにまず必要なものは、お金でも仕事でも人間関係でもなく、愛という名の生命力なんです。

人間、とくに膣を持つ女性は男性の充電器であり、この宇宙をすがすがしい空気に変える人類の空気清浄機です。存在しているだけで、パワースポットです。

なんにもしなくても、いるだけで価値があるという自覚にたどり着くと、女性自

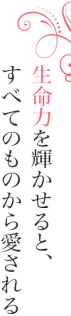

らの生命力を発揮し、引力を発生させるのです。

その自覚とは「愛される器」のことです。本書で説明してきた子宮メソッドでは、子宮や膣は性愛に密接に関与する部位なので、人生そのものが性愛レベルで濃厚に創られていきます。

だから今さらですが、愛される覚悟がない方は、この本は読まないほうがいいかもしれません。

性愛レベルで生きられるようになると、老若男女問わず、誰からも愛されていく人間関係を築けるようになります。それだけに限らず、お金などの物質的なものにも好かれ、愛され続けます。

女性の祈願ランキングベスト3は、愛、金、男といったところでしょうか。そんなのは当たり前というほどに、子宮メソッドは女性の生命力に直に触れるので、自分の細胞のすべてから、愛を思い出します。

女性の体にはセンサーがあります。それは潤う膣のこと。宇宙はそんな女性の膣を潤そうと必死になるわけです。感じる体を持つ女性には、宇宙からたくさんの愛が投げ込まれていくのです。

「私は膣が潤ってない」「私は感じない」という女性もいるかと思いますが、もともと誰でも潤い感じる膣を持っていますから、思い出すだけでいいのです。そのためには、生殖器の抑圧感情（カルマ粒）をひたすら表に出して、本来の体の持つ力を思い出しましょう。

潤う膣は生命力の源です。生命力を咲かせた女性のもとには、人、物も含め、すべてが引き寄せられます。なぜなら、すべてに生命を宿らせることができるから。そんな女性がいたら、人でも物でも寄り添いたくなるでしょう。

とくに、男性。男性はそんな女性が大好きだし、たくさんのサポートをしたいと思っているのです。そしてね、本当は誰もが全身全霊で、愛し愛されたいと願っているはず。だってそのために生まれてきたのだから。

それらが叶うのが、子宮メソッドです。子宮メソッドを信じ、ひたすら自分の生命力を輝かせていくと、いつの間にか、この宇宙に存在するすべてのものから愛されるようになっているのですよ。

私は私を幸せにする「永遠の誓い」

自分のことは自分でしか幸せにできない。私はそう思ってます。「自分にしたことは世界から返ってくるので、自分が自分に優しくすれば、周囲は自動的に私を幸せにしてくれる」、そんな現実を今、少しずつ感じています。

結婚式で誓い合う「永遠の幸せ」。そんなのはありえないと思っていたけれど、「あきらめなくていいんだな～」ってことが、今ではとてもよくわかります。

病めるときも、健やかなるときも、あなたはあなたに寄り添うことを誓いますか？　つまりね、これって相手に対する誓いではなく、自分に対する誓いなんです。

自分で自分を幸せにする誓いを立てた瞬間から、理想の現実が始まるんです。

誓いを破り落ち込むこともあるけれど、そんな自分をも愛す。「いかなるときも

「自分を愛する」ということは決して簡単なことではないけれど、自分を愛するか否かを、自分で決めることはできるんです。そして見たことのない世界を、あなたはあなたに見せてあげ続けることができるんです！

私は社交的ではなく、家に引きこもっていたほうが落ち着くタイプ。そんな行動範囲が地味めの私でも「自分を愛する」魔法の恩恵はすさまじいのです。いつしか大切な人たちにしっかり愛されています。それは老若男女問わず溺愛《できあい》レベルです。どこまでも〝私〟を生きるのは試練まみれではあるけれど、どんどん幸せになっていくから、波に乗ったらもう戻れない！

「幸せになる」とは、人からの愛を感じた自分そのものが、実は愛の塊だったということがわかること。もう、自分さえいてくれれば、自分を守るためのプライドや防御もいらない。自分が手放せたことは周囲がやってくれる。だから周囲がナイトのように守ってくれて、大事にされるお姫様になれるんです。

脳（思考）は子宮の奴隷と言ってきたけれど、こんな環境になってわかることは、脳だってただただ子宮の言うことを聞いていたわけではないということ。

その裏には「守りたかった」「幸せにしたかった」「笑ってほしかった」、そのためにはなんでもするよ、という思いがあるのです。私のなかの男が男前だから、現実世界の男も素敵な人ばかりなんだなって思います。

こんな言い方をすると語弊《ごへい》があるかもしれないけれど、自分の世界って自分の意志でコントロールできる。不幸になりたい分だけ不幸になれるし、幸せになりたい分だけ幸せになれます。

要は、どんな未来を思い出したいかです。「創造する」というよりは「思い出す」です。未来のあなたは全然未知のあなたではなくて、母親の子宮から生まれたときから、いや、生まれる前から本当は知ってるんです。

だから、そのまぁまぁな人生を早くあきらめて、今知ってる快楽の限界値で最高の未来をイメージしてみてください。それが、思い出したあなたの未来ですから。

信じられないかもしれないけれど、本当にそうなのです！　全部、子宮が生み出してくれるよ。私が私になればなるほどに、その未来への軌道に乗っていくんです。

そしたらもう、〝私〟を生きずにはいられないじゃない♪

おわりに

最後まで読んでいただき、ありがとうございます。

「子宮メソッド」は、私の命の再起プロセスと、心身疾患を抱えながらも講演で全国をまわって集めた、女性たちの声をもとにまとめたものです。それをブログで公開していたら、みなさんから届く共感の声に驚き、お役に立てることのうれしさを感じました。

私は、自分の心や体が楽になれば、そして、自分を許し癒すことができたら、という思いで、女性の体を持つ自らを追求していましたが、いつの間にか心身状態は良好になり、「幸運続き」の人生に変化していました。

家族の絆やパートナーシップがもたらす笑顔や愛の深み、何もしなくてもまわってしまう家計や、放っておいてもキレイになっていく自分……。過去に縛られていた常識や、あきらめていた未来とはまったく別のところに、今、住んでいます。だけど、「もしかしたらこれが〝当たり前〟の世界なのかもしれない」と思ったら、伝えずにはいられなくなって、ブログ更新も加速していきました。

そんなときに、河出書房新社の飯島恭子さんから声をかけていただき、感覚重視で言葉では伝えづらい「子宮メソッド」の文章化を、ライターの梅木里佳さんの手によってわかりやすく表現していただき、書籍化が叶いました。女性同士ならではの気づきやアイデアも得ながら、最高のチームワークで本の完成を迎えることができました。

私はソープ嬢でしたし、父親のわからない子も生み、現在婚外恋愛中でもありますが、そのなかで触れた〝オンナの本能〟が、悩み多き女性の心と体、魂までをほぐすものであればと願っています。また、〝オンナ〟は自らの心地よさだけを選択していっていい生き物だということが伝わればと思っています。

〝オンナの本能〟と聞くと、汚らわしいイメージを浮かべる方もいらっしゃるかもしれませんが、私は、それは〝愛〟に等しいか、愛そのものだと思っています。もともと搭載《とうさい》されている〝愛〟の装置を起動させたら、〝わたし〟という愛のなかでしか生きられなくなります。

〝オンナ〟の一番の栄養は愛されること。そして、一番の得意技は、なんでも生み出せること。それを存分に噛《か》みしめられる女性たちがあふれたら本望です。

子宮委員長はる

子宮委員長はる

1985年、青森県生まれ。恋愛・性愛アドバイザー。性への好奇心から風俗の世界に興味を持ち、専門学校・会社員時代を通して風俗で働く。そのなかで、子宮頸がんや中絶などを経験。また、周囲の子宮に関するトラブルや性の悩みの多さに関心を持ち、自分自身の癒しと同時進行で、2011年から現役風俗嬢をブログで公言。隠すことなく性への欲求と徹底的に向き合うことで、本当の自分を生きる覚悟を決める。家族公認のもと、複数の愛人や風俗のお客様に支えられながら、性に関する講演活動を全国各地で開催。性エネルギーの循環（マスターベーションとセックス）で数々の疾患を完治させ、子宮の声に従って、父親不明の赤ちゃんを妊娠。達成感に包まれて風俗を引退後、子どもと血のつながりのない男性と入籍し、出産。現在は一児の母であり、婚外恋愛中。「あとりえ林檎」での対面セッション、お話会、講演会など全国で活動中。性愛のタブーのなかで発見したメッセージやリアルタイムを綴るブログが1日最多で約19万アクセスあり、年齢問わず、多くの女性を魅了している。著書に『子宮委員長はるの子宮委員会』（KADOKAWA）。

☆オフィシャルブログ：子宮委員長はるの子宮委員会
http://ameblo.jp/jj-haru/

願いはすべて、子宮が叶える
引き寄せ体質をつくる子宮メソッド

2016年4月15日　初版印刷
2016年4月25日　初版発行

著　者　子宮委員長はる
発行者　小野寺優
発行所　株式会社河出書房新社
〒151-0051　東京都渋谷区千駄ヶ谷2-32-2
電話（03）3404-8611［編集］（03）3404-1201［営業］
http://www.kawade.co.jp/

ブックデザイン　白畠かおり
イラスト　子宮委員長はる
DTP　中尾淳（ユノ工房）
企画・編集　梅木里佳（チア・アップ）

印刷・製本　三松堂株式会社

Printed in Japan
ISBN978-4-309-27710-3